# 篮球——巨人的游戏

盛文林/著

台海出版社

图书在版编目（CIP）数据

篮球：巨人的游戏／盛文林著. －－北京：台海
出版社，2014.7
（全民阅读体育知识读本）
ISBN 978－7－5168－0441－4

Ⅰ.①篮… Ⅱ.①盛… Ⅲ.①篮球运动－基本知识
Ⅳ.①G841

中国版本图书馆 CIP 数据核字（2014）第 175052 号

**篮球：巨人的游戏**

著　　者：盛文林

责任编辑：王　萍　　　　　　　装帧设计：视界创意
版式设计：林　兰　　　　　　　责任印制：蔡　旭

出版发行：台海出版社
地　　址：北京市朝阳区劲松南路 1 号　邮政编码：100021
电　　话：010－64041652（发行，邮购）
传　　真：010－84045799（总编室）
网　　址：www.taimeng.org.cn/thcbs/default.htm
E－mail：thcbs@126.com

经　　销：全国各地新华书店
印　　刷：北京一鑫印务有限公司
本书如有破损、缺页、装订错误，请与本社联系调换

开　　本：655×960　　　　1/16
字　　数：130 千字　　　　　　印　　张：12
版　　次：2014 年 10 月第 1 版　印　　次：2021 年 6 月第 3 次印刷
书　　号：ISBN 978－7－5168－0441－4

定　　价：29.60 元

# 前　言

　　篮球运动是人们喜闻乐见的休闲娱乐和健身活动，既有健身功效，又有娱乐身心的作用。从诞生伊始，篮球运动就得到了人们的积极肯定和热烈欢迎，经过 100 多年的发展演变，如今篮球运动已经发展演变成一种内涵丰富、对抗激烈的极富趣味性和观赏性的运动项目，并在全球得以广泛普。

　　篮球运动既是技战术的抗衡，同时也是身体的对抗、智慧的较量、毅力的比拼，一场高质量的篮球比赛可以说是一场对抗激烈、变化多端、精彩纷呈的艺术盛宴，给人以艺术般的舒服享受。更高、更快、更强是篮球竞技能力的体现，熟练、全面、独特是球员技术魅力的所在，快速、准确、灵活、多变、实效是篮球战术理想的追求。在高标准、严要求的不懈努力下，篮球运动从一个台阶迈向另一个台阶，从一个辉煌迈向另一个辉煌。

　　当今世界篮坛，呈现的是一副百家争鸣的繁荣局面，其中以美国为代表的美洲篮球流派，以俄罗斯、立陶宛为代表的欧洲流派，以中国、韩国为代表的亚洲流派是当代篮坛的三大主要流派，这三个主要流派各有其特点，也各有其优势。此外，还有非洲流派和大洋洲流派等等。百家争鸣的一个最大的好处是使竞争、对抗更为激烈，不断涌现的新秀，不断的技术创新，不断的不懈挑战，客观上促进了篮球运动的完善和发展。

　　如今，篮球运动已经不再仅仅只是一项愉悦身心的运动项目了，而成为了一种时代文化和时代符号。它代表一种积极、拼搏、自信、乐观、友善、不屈、和平的精神和价值观。篮球运动随社会文化发展而发展，同时也对社会文化的发展有一定的促进作用。相信，随着社会的发展，篮球运动会迈上更高的台阶，篮球文化会迈向更高的境界。

# 目　录

# PART 1 运动起源

现代篮球运动是由美国马萨诸塞州斯普林菲尔德市基督教青年会干部训练学校的体育教师詹姆斯·奈·史密斯发明的一项多人竞技运动。从詹姆斯·奈·史密斯的这项伟大的发明诞生那一刻起，激情和辉煌似乎就注定了。

## 创建时间

关于篮球运动的创建时间有两种说法：一说为 1892 年 1 月；另一说为 1891 年 12 月。通常认定为后者。

## 创建源起

马萨诸塞州位于美国东北部，属于温带大陆性气候，冬季较为寒冷。很多体育活动难以在室外开展。为了提高学生的体能，马萨诸塞州斯普林菲尔德市基督教青年会干部训练学校的体育教师詹姆斯·奈·史密斯想在室内开展一些具有竞争性的锻炼活动以弥补学生冬季无法在室外活动的不足。他受当地儿童摘桃扔入桃篮活动的启发（当地盛产桃子），将类似于桃篮的篮子悬挂于室内两侧距地面 3.05 米的墙壁上，选用足球向篮内投掷，投入篮内得 1 分，以得分多少决定胜负。由于每次投球进篮后，要爬梯子将球取出再重新开始比赛，很费时间，影响比赛

詹姆斯·奈·史密斯

的顺利进行，因此就将篮筐底部拿掉，将没底的篮筐悬挂在两端墙壁的立柱支架上。后来又将竹篮改为活底的铁篮，挂上线网。再后来剪开网子下口，成为今天篮筐的样子。最初人们称这种游戏为"奈·史密斯球"或"筐球"，之后，经过他与同事们反复商量最终定名为"篮球"。

# PART 2 历史发展

从 1891 年（或 1892 年）篮球运动诞生开始，这项运动就得到了迅速的发展，在世界各地蓬勃兴起。同时，运动本身的技术、战术、规则等也发生了很大的变化，越来越成熟，越来越国际化了。如今，这项运动已不再仅仅只是一项娱乐身心的项目，而成为一种文化，一种国际性的运动文化。

## 世界篮球运动的发展

篮球运动自诞生之日起很快就显示了它强大的吸引力和生命力，不到一年的时间内就在美国迅速普及，同时又很快传到其他国家。有据可查，1892 年传入墨西哥，1893 年传入法国，1895 年传入中国、英国，1900 年传入菲律宾，1901 年传入日本、伊朗，后又传入俄国、巴西、澳大利亚等国家，1904 年传入德国并于同年被列为第 3 届奥林匹克运动会的表演项目。1936 年列为正式比赛项目。在美国的大、中学校里，最早成立了篮球代表队，进行比赛与表演活动。1908 年美国高等学校体育协会制定篮球规则，5 年后以 30 种文字在全世界出版发行。因此，篮球运动逐渐成为世界性运动项目，并且得到了全世界的公认和以迅速发展。

1932 年 6 月 18 日国际业余篮球联合会在瑞士第二大城市日内瓦宣布成立，总部设在意大利首都罗马，当时共有 8 个国家参加。1936 年男子篮球运动在德国举行的第 11 届奥林匹克运动会上被列为正式比赛项目。同年，国际篮球统一竞赛规则诞生。1950 年和 1953 年，首届世界男、女篮球锦标赛分别在阿根廷和智利举行。1976 年的第 21 届奥林匹克运动会上，女子篮球被列为正式比赛项目。

2006 年男篮世锦赛决赛精彩瞬间

1990 年，国际业余篮球联合会正式更名为国际篮球联合会，并允许职业篮球球员参加世界大赛，这为世界篮球运动创建了新的里程碑，篮球运动进入了一个新的时代。世界篮球运动由此向职业化、商业化和社会化迈出了新步伐。

在篮球运动蓬勃发展的 100 多年里，国际篮联已拥有 178 个会员协会，两亿多人热衷和投身于这项运动之中。作为深受人们喜爱的世界性运动项目，篮球运动已成为融科技化、人文化、智谋化、个性化、群体化、技艺化、观赏化、职业化、商业化和产业化为一体的现代篮球运动。

# 我国篮球运动的发展

篮球运动于 1895 年由美国国际基督教青年会派往中国天津基督教青年会就职的第一任总干事来会理介绍传入我国天津市，因此，天津市是我国篮球运动的摇篮。1896 年在天津基督教青年会举行了我国第一次篮球赛。此后篮球运动逐步由天津向北京、上海、南京、广州、香港、武汉等省市的青年会组织、教会学校流行与传播，并逐步推向社会。

1910 年举办的第一届全运会上篮球被列为男子表演项目，1914 年的第 2 届全运会上男子篮球被列为正式比赛项目，1924 年的第 3 届全运会上女子篮球被列为正式比赛项目。旧中国时期，中国男子篮球队参加了 10 次远东运动会（远东奥林匹克运动会）的篮球比赛。1921 年，我国男子篮球队在第 5 届远东运动会上获得了冠军。此外，我国曾派队参加了 1936 年和 1948 年的第 11 届和第 14 届奥运会篮球比赛。

新中国成立后，篮球运动在我国的传播、普及、发展进入了一个新的阶段。在国家积极倡导"发展体育运动，增强人民体质"的健身方针下，篮球运动因其简单易行、富有对抗性和趣味性，在全国迅速开展起来，成为人们喜闻乐见的体育运动。1956 年我国篮球协

我国国家篮球队阵容

会正式成立。随着改革开放的深入，国际间的交流增多，我国国家篮球队增加了与其他国家篮球队之间的比赛和交流，并在世界性比赛中取得了不菲的成绩。

1994 年底，我国开始篮球赛制改革，尝试将以前联赛的"赛会制"改为主客场制，并在 1995 年初试办了八强主客场赛，结果取得了巨大的成功，于是从 1995 年底开始，中国篮球联赛的赛制改为了跨年度的主客场联赛，简称 CBA 联赛。这一改革举措促使中国的篮球运动又进入了一个新的发展时期。2001 年底，中国女篮也开始效仿男篮，举办了主客场联赛，简称 WCBA 联赛。2002 年，在我国的江苏省又成功举办了世界最高水平的女子篮球比赛——第 14 届世界女篮锦标赛。这是国际篮球协会对我国女子篮球运动发展所取得成绩的肯定。

中国女篮队员登上领奖台

中国篮球在世界大赛中取得的最好成绩是：男篮在 1994

年第 12 届世界锦标赛和 1996 及 2004 年奥运会上 3 次闯入世界前 8 名；中国女篮则在 1992 年奥运会和 1994 年世锦赛上两次荣登亚军领奖台。

# 篮球技术战术的发展

　　早期的篮球技术是与比赛同时出现的，但受当时规则的限制，只有传球和投篮两种技术动作。其中，传球包括单手大抡臂传球和双手抛球，投篮包括原地单手胸前投篮和双手抛球入篮。随着规则的演变和篮球运动的发展，一些更适应比赛要求的新技术不断出现，并在以后的发展过程中不断补充和完善，逐步形成有别于其他运动项目的特有技术体系，例如：

　　1897 年首次出现运球，但由于种种原因，这一技术动作直到 1928 年才被规则承认为合法技术。

　　1910 年先后出现了单手胸前投篮、单手低手传球等技术动作。

　　1928 年，出现了双手抛球入篮、跳起投篮等技术动作。

　　1930 年出现双手胸前投篮，从而淘汰了古老的单手胸前投篮和双手抛球入篮的技术动作。

　　早期的篮球战术只有长传快攻和盯人防守两种。比赛的进攻原则是"在混乱中快速取胜"，防守原则是"像牛皮胶一样粘住对方"。以后，随着规则的修改和篮球技术的发展。先后出现了跳球快攻，中锋沉底（与现代策应相似）、球在人前进攻（与现在的传切配合相似）、"8"字形进攻，"三明治式"的防守和抢球（类似现在的夹击配合）。1930 年进入篮球战术发展的第一个全盛时期，密集篮下的区域联防的全队防守战术和与之相呼应的半场阵地进攻先后出现，极大地促进了篮球运动的发展，也为它以后的发展创造了条件。

　　篮球运动创立之初，创始人奈·史密斯以装水蜜桃的篮子钉在室内运动场两端，二楼凸出悬空的走廊外缘，桃篮上沿距离地面 3.05 米，用足球作比赛工具，向桃篮投掷，投球入篮得二分，按得分多少决定胜负。每次投篮进篮后，要爬梯子将球取出再重新开始比赛。以后逐步将竹篮底拆掉，后来改为活底的铁篮，之后又在铁圈下面挂网。到1893年形成近似现代的篮板、篮圈和篮网。

在比赛规则方面，比赛开始双方队员站在两端线外，裁判员鸣哨并将球抛向球场中间，双方跑向场内抢球，开始比赛。持球者可以抱着球跑向篮下投篮，首先达到预定分数者为胜。1892年，奈·史密斯编写了《青年会篮球规则》，内容归纳为五项原则十三条规则。

五项原则是：

（1）采用不大的、轻的、可用手控制的球。

（2）不准持球跑。

（3）严格限制队员之间的身体接触。

（4）球篮安装在高处，应该是在水平面。

（5）任何时候都不限制两个队的任何队员获得正处于比赛过程中的球。

十三条规则是：

（1）可用单、双手向任何方向扔球。

（2）可用单、双手向任何方向拍球，但是不准用拳击球。

（3）不准带球跑，接球队员可以在快速跑动中做急停接球，但必须在接球地点把球掷出。

（4）必须用手持球，不准用胳膊或身体夹、停球。

（5）不准用肩、手、脚撞、推、拉、绊、打等动作来对付对方队员。如违反此项规则，第一次是犯规，第二次再犯规就令其停止比赛，直到投中下一个球才允许上场。如果是故意犯规伤害对方，则取消他参加整场比赛的资格，而且不准许替补。

（6）用拳击球算犯规，是违反了第三、四、五条规则所叙述的。

（7）如果任何一方连续犯规3次，就算对方命中1球（连续的意思是指在这期间内对方队员未犯过规）。

（8）当防守者未接触到球或干扰球，球投入筐内就算命中，如球停留在篮筐边而对方队员移动了篮筐，也算得分。

（9）当球出界，由对方一个队员掷入场内。若有争议，由裁判员在靠近出界的边线外将球扔进场内。掷界外球时，应在 5 秒钟内掷入场内。如超过 5 秒钟，则判给对方发球；如故意延误时间，则判犯规；连续 3 次则取消比赛资格。

（10）副裁判是运动员的仲裁者，他要注意犯规情况，当某队已 3 次犯规时，他要报告正裁判，他有权根据规则第五条取消球员比赛资格。

（11）正裁判是球的仲裁者，他可以判定什么时候（球）处于比赛状态、球在界内属于哪一队和计时、记录得分，还有其他通常由正裁判执行的职责。

（12）比赛在两个 15 分钟内进行，中间休息 5 分钟。

（13）比赛时间到，以中球多者为胜。如平局，经双方队长同意，比赛可延至谁先命中 1 个球为止。

1904 年在第 3 届奥林匹克运动会上第一次进行了篮球表演赛。1908 年美国制定了全国统一的篮球规则，并有多种文字出版，发行于全世界。这样，篮球运动逐渐传遍美洲、欧洲和亚洲，成为世界性运动项目。1963 年第十一届奥运会将男子篮球列为正式比赛项目，并统一了世界篮球竞赛规则。此后，到 1948 年的 10 多年间，规则曾多次修改，与现行规则有关的重要变化是：将得分后的中圈跳球，改为失分队在后场端线外掷界外球继续比赛；进攻队必须在 8 秒钟内把球推进到前场；球进入前场内不得进入后场；进攻队员不得在"限制区"内停留 3 秒种；投篮队员在被侵犯时，投中后罚球 1 次，如不中罚球 2 次等。

1952 年和 1956 年第十五、十六两届奥运会的篮球比赛中，出现了两米以上的运动员，国际业余篮球联合会曾两次扩大篮球场地（也叫"3 分区"），还规定一个队控制球后，必须在 30 秒内投篮出手。20 世纪 60 年代初有关 10 秒违例和球回后场违例的规定，一度因 1960 年第 17 届奥运会后取消了中场线改画边线的中点而终止。

1964 第 18 届奥运会后，又恢复了中场线，这些规定又继续执行。

1977 年增加每队满 10 次犯规后，在防守时犯规罚球两次；防投篮时犯规有两次罚球，有 1 次不中再加罚 1 次的规定。

1988 年又将 10 次犯规后罚球的规定缩减到 8 次。很明显，规则的变化导致技术、战术的发展，又引起了规则的改变，而规则的改变又促进了人们的技术、战术的进一步发展变化。特别是 20 世纪 50 年代后期以来，规则的改变对篮球比赛的进攻速度，对运动员的身体、技术、战术以及意志、作风等各方面都不断提出新的、更高的要求，促进了篮球技术水平的迅速提高。

1925 年前后，赛场上的运动员有了较明确的分工，中锋对中锋，后卫对前锋，有人盯人，各自盯住自己的对手，但前锋的职责是只管进攻投篮，不管退守；后卫的职责是只管防守抢截球，不管投篮，前锋和后卫很少全场跑动，只有中锋要攻守兼顾。以后又逐渐改为两后卫一人助攻，一人留守后场，两前锋也一人留在前场专管偷袭、快攻，一人退守后场助防。技术动作也有所发展，跑动投篮出现了单手、高手投篮，立定投篮出项了胸前投篮，传球出现了单双手击地传球，运球出现了两手交替运球躲闪防守和超越防守向前推进的技术。规则中增加了罚球区和罚球线，队员犯规 4 次即被取消比赛资格，犯规罚球可由队长指定任何一名队员主罚。比赛时间分为上下半时各 20 分钟，中间休息 10 分钟。每次投中或罚中后，都在中圈跳球，从新开始比赛。

## PART 3　目前状况

　　篮球运动发展到目前，内涵已经非常丰富了，既有职业篮球，也有大众性篮球，还有以表演为主的花样篮球。目前，大众篮球运动已经普及开来，成为普通人的健身运动；职业篮球运动方兴正艾，风靡世界；时尚篮球运动悄然流行开来，势头正旺，越来越被青年人所喜爱。

# 大众性篮球运动普及化

　　篮球运动由于自身的特点、规律和功能，使它充满活力。为此，新世纪大众性篮球运动将进一步在全球范围内普及，成为名副其实的全球性社会文化和全民性健身强体、修德养心的工具和手段。在发展中国家、地区的社区和工矿企业，篮球运动的开展将日益广泛，热爱篮球运动的各界人士将进一步支持、推广篮球运动。

篮球比赛已成为百姓生活的一部分

# 学校篮球运动蓬勃开展

篮球运动的增智、健身、教育、宣传、社交功能越来越被各级教育行政部门和各类学校领导认同，这些部门协同起来积极开展学校篮球运动。学校篮球运动将成为活跃校园文化生活、展现学校声誉、增强师生体质、提高健身水平、陶冶情操、锻炼意志、修养品德、培养团

**学校篮球赛蓬勃发展**

队精神、增强使命感和荣誉意识的特殊教育形式。各种形式的业余篮球俱乐部将成为校园生活的基本社团组织。未来的优秀篮球人才将逐步由此启蒙、发展、提高。

# 职业篮球运动全球兴起

职业篮球比赛的特殊社会性魅力和经济效益，促使新世纪职业性篮球俱乐部将在全球范围内广泛建立，职业性竞赛的商业化行为将日益完善法制经营，逐步形成一种新兴产业。竞赛规则、竞赛制度和竞赛方法的变革势在必行，观赏性、健身性、娱乐性、竞技性将成为篮球运动发展的主要因素。

21 世纪，世界篮球运动竞技水平和实力将形成起伏发展的新格局，这是篮球运动在普及、发展、提高的趋势。然而，总体上欧、美一些国

家和地区在一个时期内仍将处于领先水平，但各国实力接近，排名将反复出现更替。篮球运动的总体发展方向依然是群体智慧、意识、形态、个性、修养、体能、技能等多因素综合实力的搏斗与较量，攻守全面兼顾，个体与群体融合，高度与速度并驱，体能、作风、智慧与对抗技能高度统一，教练员与运动员有机相辅，即带着创新意识，沿着同一趋势、不同流派、不同风格、不同打法的方向发展，形成百花齐放的发展景观。

# 时尚篮球悄然流行开来

### 三人制篮球

三人制篮球起源于美国的街头，俗称三对三"斗牛"。三人制篮球只要一块空闲的场地和篮圈就可以随意组成三人一队进行比赛。目前，三人制篮球已经流传到世界上许多国家，并且已经成为一项正式的赛事活动。

20世纪90年代以来，我国各大城市也广泛开展这项活动，在北京、上海、广州以及其他的一些省市已形成一种时尚的篮球赛事，而且盛况空前，形成了寓健身与文化为一体的篮球运动大众化的独特景观。它具有普及面广、技巧性高、趣味性强和比赛周期短等特点。

三人制篮球赛参赛人数可变性大，参赛者年龄可大可小，也可以男女混合。场地设备要求和比赛规则可根据实际情况确定，比赛强度也易于自我调节。由于三人制篮球赛是在半场进行，运用战术和技术不受全场整体攻守战术行动的时空制约，只要两三个人默契组合成简便的攻守配合，就可以完成一次进攻与防守。因此，比赛中个人特长易于得到发挥，攻守行动的活动性大，所以也便于普及推广为大众健身娱乐手段。

三人制篮球赛的技术动作由各种跑、跳、运、传和投等基本技能所组成。以积极争夺控球权为手段，以投篮为目的，双方既同场竞技，又攻守交替，共用一个篮圈，并在同一篮圈下有限的空间进行争夺，技巧性高，其中个人控制和支配球的时间相对增加，技术和战术的应用更具有灵活性。

室内三人篮球赛

三人制篮球是一项趣味性较强的运动。进攻得分是篮球比赛最佳的自我情绪体验。在三人制篮球比赛中，由于人数减少，攻守面积增大。因此强调得分是三人制篮球赛的重要方面。在战术方法中，两三人间的基础配合作为战术方法的主要内容，不乏趣味和精彩，更能满足和实现参赛选手的自我表现欲望。

由于三人制篮球参赛队数多，主办单位往往采用分组循环进行编排，把参赛队分成若干小组，各小组进行单循环赛，排出各小组的名次。如第一阶段的预赛是分两个小组进行单循环赛，那么第二个阶段可把小组前两名编在一组争夺第一到第四名，把小组的三、四名编在一起争夺第五到第八名，其余类推，以此来缩短竞赛周期。

如今，三人制篮球所体现出的健身娱乐休闲等特点越来越引起各界的注意和重视，也越来越得到大众的喜爱，相信通过进一步的推广和普及，这项贴近大众的娱乐运动将会在全民健身运动热潮中发挥越来越大的影响和作用。

### 街头花式篮球

花式篮球源于美国篮球圣殿纽约市哈林区洛克公园。杂耍般的运球，充满想象力的传球和扣篮，与强劲的 Hip-Hop 音乐融合，使花式篮球成为一种极具观赏性和娱乐性的篮球表演。作为一种时尚运动，它讲求风格、自由和创意。挑战篮球极限，展示自我，花式篮球代表对篮球技术和表演的无上追求。它诠释着开放、自由、创造性等最纯正的美国文化。

　　花式篮球的比赛场地简易，参赛者不需要统一的比赛服，无论老少男女都可以成为花式篮球的参赛者。比赛规则并没有严格的尺度，只要一名裁判和一名记分员即可。花式篮球表演更是完全抛开规则、场地、人员的限制，身体的任何部位都可以接触篮球。在表演过程中，球员经常邀请球迷观众参与到比赛表演当中，与球迷一起游戏，让球迷参与到投篮、运球、接球等活动当中。

**美国花式篮球表演**

　　在花式篮球表演中，扣篮、运球、球绕身体转动等各种技巧应有尽有。另外，花式篮球以娱乐性为主，表演过程中花哨的运球、巧妙的突破以及大力的扣篮可以激起表演者和观众的热情，所以花式篮球不强调防守技术。队员在训练和比赛中往往注重个人技术的训练，战术训练明显较少，仅见于 2 人 3 人之间的小配合。

　　花式篮球给人轻松时尚的感觉，观众在观看表演时往往爆发出极大的热情，从而达到情绪宣泄、愉悦身心的效果。由于花式篮球注重的是个人技术的表演、个性的张扬以及观众对自己技术的认可，因此，谁的技术高超、动作花哨美观谁就能得到观众的掌声和喝彩。

　　哈林巫师花式篮球队（前身是哈林环球者队）是世界高水平街头花式篮球队之一，它创立于 1962 年。50 多年来，哈林巫师队每年都要周游全球，为数百万球迷带去令人激动的表演。通过篮球、舞台表演和无与伦比的演出技巧的完美结合，哈林巫师队正在将篮球带到一个新的境界。

# PART 4 风格流派

篮球运动风格通常指一个队在比赛中经常表现出来的技术、战术和作风等独特的、与众不同的综合。篮球运动流派指在一定的历史时期，一些思想倾向、技术特点、打法及风格相近或相似的队所形成的篮球派别。随着篮球运动的发展，篮球运动的风格与流派成为历史，取而代之的是风格流派的相互融合，但那曾经的风格流派依然留下了很深很深的烙印。

## 欧洲篮球

欧洲篮球是以俄罗斯队、立陶宛等队为代表。基本打法以粗犷、凶悍、整体作战为主体，体现了高、狠、准的传统特点，讲究整体实力，普遍在身高和力量上占优势。不仅中锋身高超过 2.10 米，而且前锋也在 2 米以上。他们的指导思想是以高快结合，强调集体配合，注重内外结合，重视进攻节奏，防守中重视个体与整体性与攻击性的积极协同，充分发挥集体作用，尤其是德国、立陶宛等欧洲队，都有高水平球星在 NBA 征战。他们技术娴熟、积极快速、投篮准确、拼抢凶狠、攻与守转换衔接主动，能很好地掌握与

**俄罗斯男子国家篮球队**

捕捉战机。

# 美洲篮球

美国国家篮球队

美洲篮球是以美国队为代表。美国是篮球运动的鼻祖，代表着世界篮球运动的最高水平。美洲篮球的特点是基本技术好，个体攻、防能力和技艺水平高，整体实力较强。队员整体身高与欧洲相比并不占绝对优势，而是突出强调个人技能、体能（速度、技巧）及立体型攻防打法与变化，是以技巧与特殊的体能条件相结合。

美洲篮球球队中黑人球员较多，他们体能强、速度快、弹跳好、爆发力强、技术娴熟，经常运用高空补篮、扣篮和盖帽等高难度动作，且擅长突破，辅以外围远投，并注重个人攻击能力的发挥。

# 亚洲篮球

亚洲篮球以中国、韩国为代表。其特点是以小打大、快速、灵活、准确、突破能力强、整体防守好，以技艺、智谋和顽强作风相结合。中国队在亚洲已处于最高水平，球员身高目前已超过欧、美强队，因此，中国队在不断完善亚洲型打法的同时，也注重向欧、美队的打法和风格学习，基本战术配合以高、灵、全、准的整体型攻防和内外结合的打法为主，并正探索与实施中国当前提出的战术指导思想和技、战术风格，以形成自己的攻防体系特色。

# 非洲篮球

非洲的篮球运动处于崛起阶段，近几年进步突出，像尼日利亚等队，已开始向第二集团冲击，但整体技、战术水平与世界强队相比有一点差距，然而运动员的身体素质较好，不乏身材高大且灵活的球员，也涌现出了一些球星服役于 NBA。他们的技术风格和打法，近似于美洲流派。

# 大洋洲篮球

大洋洲篮球以澳大利亚为代表。大洋洲篮球打法是一种欧、美型打法相交融，又与自身优势相结合的流派打法。其特点是队员身材高大、作风顽强、攻防转换速度快、配合默契。防守时注重采用扩大人盯人防守压逼对手，阵地进攻中惯用双中锋进攻与掩护配合，比赛中主动掌握节奏，擅长在进攻中以内线强攻、外线掩护后中远距离投篮取胜。

# PART 5 场地、器材

篮球的场地和器材是篮球运动的重要组成部分，关系到比赛的质量和结果。经过一百多年的发展，场地和器材也从简陋到完备，逐渐完善。如今，关于场地和器材，其大小、尺寸、材质用料等都有明确的规定。

# 比赛场地

### 球场尺寸

比赛场应是一块长方形的坚实平面，无任何障碍物。对于国际篮联主要的正式比赛以及所有新建的比赛场地尺寸应是长 28 米，宽 15 米，丈量是从界线的内沿量起。长边的界线叫边线，短边的界线叫端线。任何障碍物包括在球队席就座的人员距离比赛场地至少 2 米。天花板或最低障碍物的高度至少 7 米。

### 球场界线

球场必须有明显的界线，界线外至少 2 米处不得有任何障碍物。长边的界线叫边线，短边的界线

北京五棵松篮球馆内部

叫端线。界线和观众之间至少应有 2 米的距离。

球场上的各线必须十分清楚，线宽均为 5 厘米。场地的丈量从边线、端线的内沿量起，场内各线从其外沿量起。

## 中线、中圈和半圆

### 1. 中线

中线应从两边线的中点标出平行于两端线。它向每条边线外延伸 15 厘米。

### 2. 中圈

中圈应标在比赛场地的中央，半径为 1.80 米（从圆周的外沿丈量）。如果中圈里面着色，它必须与限制区内的颜色相同。

### 3. 半圆

半圆应标在比赛场地上两侧（罚球线外），半径为 1.80 米（从圆周的外沿丈量），它的圆心在两条罚球线的中点上。

## 罚球线、限制区、三分投篮区域

### 1. 罚球线

罚球线是与端线平行，它的外沿距端线内沿是 5.80 米，这条线长为 3.6 米。它的中点必须落在连接两条端线中点的假想线上。

### 2. 限制区

限制区是在比赛场地上标出的地面区域，它由端线、罚球线和两条起自端线（画线的外沿距离端线中点 3 米）终于罚球线外沿的线所限定。除端线外，这些线都是限制区的一部分。限制区里面可以着色，但必须与中圈内的颜色相同。

### 3. 三分投篮区域

某队三分投篮区域是以对方球篮的中心垂直线与地面的交点，以 6.25 米为半径的半圆区域，到边线交接点处与边线平行到端线。

### 罚球区

罚球区是限制区加上以罚球线为圆点、以 1.80 米为半径，向限制区外所画出的半圆区域。在限制区内的半圆应画成虚线。见下图

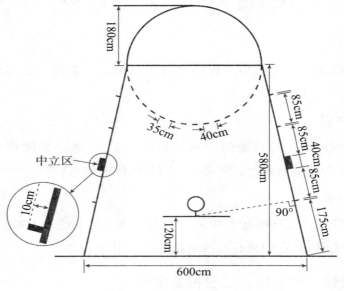

罚球区

罚球区两旁的位置区，供队员在罚球时使用。第一条线距离端线内沿 1.75 米（沿罚球区两侧边线丈量）；第一位置区的宽度为 0.85 米，并且与中立区的始端相接；中立区的宽度为 0.40 米，并且用和其他线条相同的颜色涂实；第二位置区与中立区相邻，宽度为 0.85 米；第三位置区与第二位置区相邻，宽度也是 0.85 米。所有用来画这些位置区的线条，其长度均为 0.10 米，并且与罚球区边线垂直。

### 球队席

球队席位于记录台两侧，每个区域分别由一条从端线向外延伸至少 2 米长的线段和另一条距离中线 5 米且垂直于边线并至少长 2 米的线段所限定。

### 天花板

天花板或最低障碍物的高度应至少是 7 米。

### 照明设施

比赛地面要被均匀和充分地照亮。照明设备的安置不得妨碍队员和裁判员的视觉。

### 比赛计时钟

比赛计时钟为比赛的各节计时和在比赛各节间的休息时使用，并且放置在能让与比赛有关的包括观众在内的每一个人都能看清楚的地方。

应使用一个适宜的可见装置（不是比赛计时钟）或计秒表作为暂停计时。

如果主比赛计时钟放置在比赛场地中央的上方，那么在比赛场地两端足够高的地方各设一个同步的副比赛计时钟，要让与比赛有关的包括观众在内的每一个人都能看到。每一个副比赛计时钟应指示剩余的比赛时间。

### 秒钟装置

24 秒钟装置要有一个控制单元去操纵该装置以及符合下述规格的显示单元：

（1）数字倒计数型，用秒指示时间。

（2）两队都不控制球时，装置上不显示。

（3）具有能停止并在重新开始时能继续倒计时的能力。

显示单元应让与比赛有关的包括观众在内的每一个人清楚地看到。

### 记录板

记录板应让与比赛有关的包括观众在内的每一个人清楚地看到。

记录板应显示：

（1）比赛时间。

（2）比分。

（3）现时的节数。

（4）要登记的暂停次数。

## 记录表

国际篮联所有主要的正式比赛，应使用经国际篮联世界技术委员会批准的正式记录表。

## 队员犯规标志牌

为记录员提供队员犯规标志牌。标志牌应是白色的，上面分别标有数字1～5（1～4的数字为黑色，5为红色），最小尺寸为：长20厘米，宽10厘米。

# 比赛器材

篮球架

## 篮球架

场地需有2个篮球架，分别放置在比赛场地两端，每一个篮球架包括下列部分：一块篮板、一个带有固定篮圈钢板的篮圈、一个篮网、一个球篮支撑构架、包扎物。

篮球架可用木料或金属制作。有固定的和移动的两种图。篮球架的支柱距端线外沿至少1米，其颜色应鲜明，并与端线后面的背景有明显的区别，以便使比赛队员看得清楚。

### 篮板

篮板要用整块的适宜的透明材料（最好具有适当韧度的安全玻璃或木板）建造。

篮板尺寸为：横宽 1.80 米（±3 厘米），竖高 1.05 米（±2 厘米），下沿距地面 2.90 米。在篮板四周的边沿应画出 0.05 米宽的线条，如果篮板是透明的，则画白线；若不透明，则画黑线。在篮圈后面的篮板上画出一长方形，横宽 0.59 米，竖高 3.45 米（从线的外沿量起），线宽 0.05 米，此长方形底边的上沿要与篮圈水平面齐平。篮板应牢固地安置在球场的两端篮架上，与地面垂直，与端线平行。篮板前面的中心要垂直地落在球场上，该点距离端线内沿中点 1.20 米。

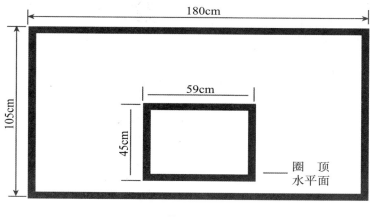

**篮板图**

### 球篮

球篮包括篮圈和篮网。

（1）篮圈：篮圈要用实心钢材制成，内径最小为 0.45 米，最大为 0.475 米，漆成橙色。圈材的直径最小为 0.016 米，最大为 0.020 米，圈的下沿设有系篮网的附加系统。篮圈应安装在支撑篮板的构架上，篮圈顶面要成水平，距地面 3.05 米，与篮板两垂直边的距离相等。篮板正面距离篮圈内沿的最近点为 0.15 米。

（2）篮网：篮网使用白色细绳结成，悬挂在篮圈上。它的结构要能够使球穿过球篮时有暂时的停顿。网长不短于 0.40 米，不长于 0.45 米。篮网的上部应是半硬状态的，要有 12 个小环作为与篮圈的连接物。

现代篮球比赛用球篮

## 篮球

球应是圆形的，外壳应是皮革、橡胶或合成革等物质。成年男子用球的圆周为 0.749～0.780 米，其重量为 576～650 克。成年女子用球的圆周 0.700～0.710 米，重量为 510 到 550 克。充气后，使球从 1.80 米的高度（从球的底部量起）落到球场的地面上，反弹起来的高度不得低于 1.20 米，也不得高于 1.40 米（从球的顶部量起）。比赛时，主队至少要准备两个用过的、符合上述规格的球。

现代比赛用篮球

# PART 6 竞赛通则

竞赛通则是篮球竞赛的法规，是参加篮球竞赛活动的人员必须遵守的比赛规定、技术标准和行为规范。篮球竞赛通则以法规的条文方式，规定了竞赛的方法等要求。篮球竞赛通则体现了篮球初创时期提出的基本精神、宗旨和目的，保证和促进了篮球运动的健康发展。

# 比赛方法

篮球比赛有两个队参加比赛。一队 5 人，其中一人为队长。每队的目标是在对方球篮得分，并阻止对方队得分。篮球比赛由裁判员、记录台人员和技术代表管理。

比赛分为 4 节，每节 10 分钟（NBA 与 CBA 为 12 分钟），在第一节和第二节之间（即第一半时）、第三节和第四节之间（即第二半时）以及每一决胜期之前应有 2 分钟的比赛休息时间。每半时之间的比赛休息时间为 15 分钟。比赛结束两队积分相同时，则进行 5 分钟加时赛，若 5 分钟后比分仍相同，则再次进行 5 分钟加时赛，直至比出胜负为止。

如果结束比赛时间的比赛计时钟信号响时或恰好之前发生了犯规，在比赛时间结束之前应执行最后的罚球。

在跳球中，当球被一名跳球队员合法拍击时第 1 节开始。掷球入界后，当球触及一名场上队员或被场上队员合法触及时所有其他的节开始。如果某一球队在场上准备比赛的队员不足 5 名，比赛不能开始。

# 球队组成

正规篮球竞赛中，每个篮球队由以下几方面组成：

1. 不超过 12 名有资格参赛的球队成员，包括一名队长。

2. 一名教练员，如果球队需要，可有一名助理教练员。

3. 在比赛时间内，每队各有 5 名队员在场上并可被替换。

4. 一名替补队员成为队员，而一名队员成为替补队员。

5. 最多 5 名有专门职责的随队人员可坐在球队席上，如领队、医生、理疗师、统计员、译员等。

# 比赛的开始与结束

第一节，由主裁判在中圈执行跳球，当主裁判抛出的球被一名跳球队员合法拍击时第一节比赛正式开始，球被跳球队员拍击的一瞬间，计时员开始计时。其后所有各节比赛均由拥有掷球入界权的队在记录台对面边线中点处掷球入界处开始比赛。第三节比赛开始前，双方球队应交换比赛场地。在一节或决胜期的比赛时，在结束比赛时间的计时钟信号响时，为比赛结束。

**挣跳球**

如果某一球队在场上准备

比赛的队员不足 5 名，比赛不能开始。

对所有的比赛，在秩序册中命名第一队（主队）应拥有对着比赛场地的记录台左侧的球队席和它队的本方球篮。然而，如果两队同意，他们可以互换球队席和（或）球篮。

# 得分种类

活球从上面进入球篮，停留在球篮内或穿过球篮为球中篮。一次罚球中篮得 1 分，1 次投球中篮得 2 分，在 3 分投篮区一次投球中篮得 3 分。无论何时，球从球篮下方进入球篮是违例。如果队员意外地投入本方球篮中，如同对方得 2 分一样地记录，故意地投入（进）本方球篮为违例。

# 球的状态

当跳球中，球被一名跳球队员合法拍击时；罚球中，罚球队员可处理球时；掷球入界中，掷球入界队员可处理球时，球成活球。

当任何投篮或罚球中篮时；裁判员鸣哨时；在一次罚球中，球明显不会进入球篮，且该次罚球后接着再有一次（多次）罚球时；进一步的罚则（罚球和/或掷球入界时）时；比赛计时钟信号响以结束每节时；某队控制球 24 秒钟装置信号响时；投篮中飞行的球在上述情况后被任一队的队员触及时，球成死球。

# 跳球和交替拥有

### 1. 跳球发生

在第1节开始时，一名裁判员在中圈，在任何两名互为对方的队员之间将球抛起，一次跳球发生。

### 2. 争球发生

当双方球队各有一名或多名队员有一手或两手紧握在球上，以至不采用粗野动作任一队员就不能获得控制球时，一次争球发生。

### 3. 跳球情况

当宣判了一次争球；球出界，并且裁判员们对谁是最后触及球的队员拿不准或有争执；在最后一次或仅有一次不成功的罚球中，双方队员罚球违例发生；一个活球停在球篮支架上（除去罚球之间）；当任一队既没有控制球又没有球权时球成死球；在抵销了双方球队的相等罚则后，没有留下其他要执行的罚则，以及在第一次犯规或违例之前任一队既没有控制球也没有球权时：除第一节外，所有节将开始时，为一次跳球情况发生。

### 4. 交替拥有

交替拥有是拥有掷球入界而不是以跳球来使球成活球的一种方法。在所有跳球情况中，双方球队将交替拥有，在最靠近发生跳球情况的地点掷球入界权；在第1节的跳球后未在场上获得控制活球的队应开始交替拥有；在任一节结束时，对下一次交替拥有的队应在记录台对面的中线延长部分，以掷球入界开始下一节。

下面是交替拥有的开始和结束情况：

当掷球入界队员可处理球时开始就可视为交替拥有的开始。

当球触及一名场上队员或被他合法触及时；掷球入界队发生违例时；掷球入界中活球停在球篮支架上时；交替拥有结束（新的交替拥有

产生）。

应由指向对方球篮的交替拥有箭号来指明对交替拥有掷球入界有权的队。当交替拥有掷球入界结束时，箭号的方向立即反转。某队在它的交替拥有掷球入界中违例，使该队失掉交替拥有掷球入界，交替拥有箭号应立即反转。

# 投篮动作规定

当队员开始连续运动（通常先于球离手），根据裁判员的判断，并且他将球投、扣或拍向对方的球篮已开始了得分尝试时，为投篮动作开始。投篮动作继续到球离开队员的手为止。就腾在空中的投篮队员而言，投篮动作继续到完成该尝试并且该队员的双脚落回地面，为投篮动作结束。

当球在队员手中停留并已开始投篮动作（通常是向上的），视为投篮动作中的连续运动开始，在投篮尝试中，包括队员的手臂和身体运动，当球已离开队员的手或如果做了一个全新的投篮动作时，投篮动作则结束。

# 三分投篮赛规定

篮球比赛是以投篮命中得分多少决定胜负的，准确、优美的三分投篮技术常激动人心，使场上与场下的运动员与观众和谐地形成比赛高潮，给人以巨大的鼓舞与愉悦。组织三分投篮赛能够促进并提高投篮的准确性，增加篮球比赛活动的内容，增加观赏性、娱乐性和趣味性。

三分投篮比赛的规则与方法如下：

（1）在三分区外两边 0 度、45 度与正中弧顶共设置五个投篮架，

三分投篮

每个架上放置 4 个普通球和 1 个彩球。队员从一侧 0 度开始，依次投出 4 个普通球和 1 个彩球。第一位置区投完后移至第二位置区，依次将 5 个区的 25 个球投出。

（2）要求在 1 分钟内将 25 个球投完，到时未投完的球不能再投。

（3）投中一个普通球得 1 分，投中一个彩球得 2 分，总分为 30 分。

（4）比赛采用预、决赛办法。预赛得分多的前三位进入决赛，决赛时得分多者名次列前，取前三名给予奖励。

# 扣篮比赛规定

运动员身体素质的提高，尤其是弹跳与身体滞空能力的增强，为在高空运用不同姿势和手法进行扣篮创造了物质保障。在篮下扣篮不仅得分率高，而且难以防守，容易造成对方犯规，而巧妙配合下的高空接球扣篮更具观赏性。组织扣篮比赛不仅是为了推进扣篮技术的发展，更重要的是鼓励运动员增强全面的身体素质，推崇创新精神，推动篮球运动向更高、更强、更美的方向发展。

运动员在半场内任何一个位置和从任何一个角度运球起动，按正常步伐腾空扣篮、打板后空中接球扣篮、运球反弹跳起接球扣篮、反扣、正扣、单手扣、双手扣，以及在空中变换动作或换手扣篮均可，只要是规则允许的动作，不带球走、不两次运球违例。

扣篮比赛分为预赛和决赛。预赛每位队员扣篮 3 次，以得分高的一次为预赛得分。预赛得分最高的三位参赛者可晋级决赛。决赛中每人有两次扣篮机会，也只计其中成绩最好的一次。

5 位专家组成的裁判组对每位运动员的扣篮动作进行技评评分。技评依据弹跳的高度，空中滑行的远度，动作的难度，完成动作的难确度、力度、伸展度以及美感等综合评分。满分 10 分，参赛者最高可得 50 分。

# 暂停规定

球队的教练员和助理教练员请求中断比赛即是暂停。每次暂停时间应持续 1 分钟。每当球成死球且比赛计时钟停止，以及当裁判员报告犯规或是违例已结束和记录台的联系时都可以暂停。还有当某队在对方投篮之前或后已请求了暂停，对方投篮得分时，对于非得分的队可以暂停。在第四节和每一决胜期的最后 2 分钟得分的队不得获得一次暂停。某队队员在最后一次或仅有一次罚球中篮后双方都可以暂停，比赛继续时在记录台对面中场掷球入界，不中也可以暂停。

在第一半时中每队可以准许 2 次暂停，在第二半时中准许 3 次暂停，每一决胜期中准予 1 次暂停。在第四节最后 2 分钟内和每一决胜期最后 2 分钟非得分的队和在后场拥有球权的队请求了暂停之后，应在记录台对面的中线延长处掷球入界。

# 选手替换

球成死球且比赛计时钟停止，以及当裁判员报告犯规或违例已结束和记录台的联系时。在第四节或任一决胜期的最后 2 分钟内，某队已请求了替换，对方投篮得分时对于非得分的队可以替换。已达第五次犯规或已被取消比赛资格的队员立即（大约 30 秒钟）被替换。某队队员在最后一次或仅有的一次罚球中篮后可以被替换。如有后续在记录台对面中场掷球入界，不中也可以替换。

每次替换选手要在30秒内完成，替换次数则不限定。交换选手的时间选在有人犯规、争球和叫暂停等。裁判可暂时中止球赛的计时。

# 裁判员和记录人员及其职责

裁判员是篮球比赛的裁定者。临场裁判员要仪表大方、举止端正。规则要求，临场裁判员必须穿灰色上衣，黑色长裤、黑色篮球鞋和黑色袜子。裁判员须在预定的比赛前20分钟到达比赛场地，开始行使权力。比赛结束，一经主裁判员核准并在记录表上签字，便终止了裁判员和比赛的联系。队员、教练员、助理教练员或随队人员有不道德的行为，主裁判员必须在记录表上注明发生的事件，并负责向有关部门提交详细的报告，有关部门将给以适当而严肃的处理。

裁判员应是一名主裁判员和一名副裁判员。此外，国际篮联的适当部门，如地区委员会或国家联合会有权运用3人裁判制，即一名主裁判员，两名副裁判员。

记录台人员应是一名记录员，一名助理记录员，一名计时员和一名24秒计时员。

**裁判在行使职权**

可有一名技术代表到场。他应坐在记录员和计时员之间。在比赛中他的职责主要是监督记录台人员的工作，并协助主裁判员和副裁判员使比赛顺利进行。担任一场比赛的裁判员不得与比赛双方的组织有任何方式的联系。

裁判员、记录台人员要按

照这些规则来指导比赛，并无权同意改变这些规则。

# 队员及队员装备规定

　　篮球协会有这样的规定，对于 2×20 分钟的比赛，可超过 10 名合格参赛的球员，对于 4×12 分钟的比赛或竞赛中一个队超过了 3 场比赛时，可超过 12 名合格参赛的球员。

　　对球员的服装也作了明确规定，背心前后必须是相同而单一的颜色（不允许穿有条纹的背心），背心两侧镶边的总宽度为 0.06 米，背心颈口或开袖处的装饰也不超过 0.03 米宽。比赛中男队员必须把他们的背心塞进短裤内，圆领衫可以穿在背心里面，但颜色应与背心相同，短裤前后应是相同的单一颜色，但不一定和背心的颜色相同，短裤两侧装饰边总宽度为 0.06 米，裤腿口的装饰边不超过 0.03 米宽，允许穿长于短裤的紧身内裤，颜色要与短裤相同。

　　在比赛中，主裁判员不得允许任何队员佩带对其他队员有危险的装备，诸如用坚硬的材料制造的各种保护装备，能割破或引起擦伤的装备、头饰和珠宝饰品。还有，任何用来增加队员的高度或能力，或得到不正当的利益的装备也是不允许的。从保护安全出发，规则也规定了允许队员佩带的装备。诸如经过包扎且不会对其

**篮球队员服装**

他队员构成危险的保护装备（如肩、上臂、大腿或小腿部位的保护装备和膝部保护架）、断鼻保护器、眼镜、最宽为 5 厘米的头带。

# PART 7 场上位置

篮球运动队员在场上是有一定位置和明确分工的，场上每个位置有每个位置的"职能"和"任务"。每个队员只有坚守好了自己的"岗位"，在自己的岗位上充分发挥出自己的潜能，完成这些"任务"，才能为赢得比赛胜利贡献力量。

## 小前锋

小前锋马里昂在运球突破

小前锋是球队中最重要的得分者。对小前锋最根本的要求就是要能得分，而且是较远距离的得分。小前锋一接到球，第一个想到的就是要如何把球往篮框里投。因此，他经常要积极找机会投篮。

小前锋要有不错的防守能力，一名合格的小前锋不但要有足够的身高在篮下得分，也要有出色的速度凭借快攻和突破得分。

# 大前锋

　　大前锋在场上担任的任务主要是抢篮板、防守、卡位，但是要投篮、得分，他却经常是最后一个。

　　大前锋的首要工作便是抓篮板球。大前锋通常都是队上篮板抢得最多的人，他在禁区卡位，与中锋配合，往往要挑起全队的篮板重任。而在进攻时，他又常常帮队友挡人，然后在队友出手后设法挤进去抢篮板，发动第二波的进攻。通常仅有少数的时间，会要求大前锋沉底单打，这时候他便在禁区附近来个翻身跳投、小勾射之类的，做些近距离的进攻。

　　大前锋一般较少出手，而其投篮的位置经常很靠近篮框，命中率要求也较高。一般来说应该是场上5个位置中命中率最高的一个，一名合格的大前锋投篮命中率应该达到50%以上。

大前锋埃尔顿·布兰德篮下扣篮

　　相对于得分，大前锋的篮板球一定要抓得多，防守时的盖帽能力也是大前锋所必备的，因为他们的任务就是巩固禁区的防守。所以，大前锋在场上的任务就是做好两件事：篮板和防守。

　　随着现代篮球打法的更新，对大前锋的进攻能力要求有所提高。

# 中　锋

中锋是一个球队的中心人物。他多数的时间是要待在禁区里，他在攻守两端都是球队的枢纽。

**中锋奥尼尔**

抢篮板球、阻攻、盖帽、传球能力是中锋应具备的基础技能。在进攻方面，中锋在接近篮框的位置要有单打的能力，他要能背对着篮框做单打动作，转身投篮是最常见的一项，而跳勾、勾射则是更难防守的得分方式。防守上，一个好的中锋除了守好自己对位的球员之外，适时的协防是必须的。中锋是主要的内线得分者，与小前锋里外对应。对中锋命中率的要求，仅次于大前锋。

还有一种中锋叫外线中锋。他与传统中锋的差别在于，他的进攻主要是去投外线，而较少在禁区单打。由于中锋的个头高，其他矮个子根本守不住，所以到外线投篮可以把对方的中锋引出来，为队友制造篮下机会。而在防守时，他就与一般中锋无异，照样防守对方中锋，照样要抢篮板。

# 控球后卫

控球后卫是球场上拿球机会最多的人。他要把球从后场安全地带到前场，再把球传给其他队友，让其他人有得分的机会。控球后卫要有很好的运球能力和传球能力，能够在大多数的时间里，将球传到最合适的地方、最容易得分的地方。控球队员往往是最后一个得分者，除非其他队友都没有好机会出手，否则他是不轻易投篮的。他本身要有颇强的得分能力，以其得分能力来破坏对方的防守，从而替队友制造机会。控球员的出手经常都是很好的投篮时机，命中率要求一般而言应该在五成以上，比小前锋和得分后卫高。控球后卫的得分手段主要是外线和切入。

控球后卫后场运球

# 得分后卫

得分后卫以得分为主要任务。他在场上是仅次于小前锋的第二得分手，但是他不需要练就像小前锋一般的单打身手，因为他经常是由队友帮他找出空当后投篮的。

得分后卫的外线准头和稳定性要好，出手的速度要快。如此的话，才能让对方的防守有所顾忌，被迫拉开防守圈，从而更利于队友在禁区内的攻势。

得分后卫有时也得要自己找机会单打出手，或是在人缝中找空当，所以命中率能到四成七、四成八就算是不错了。

超级得分后卫科比

# PART 8　篮球技术

　　篮球技术简略地说就是指在篮球比赛中运动员为完成进攻与防守所采用的动作方法的总称。它包括移动动作（指跑、跳、急停、转身等无球的动作方法）、控制支配球动作（指接球、传球、运球、投篮等有球的动作方法）和争夺球动作（指抢球、打球、断球、抢篮板球等动作方法），以及由这些动作各种各样的组合所组成的动作体系。

## 持　球

　　正确持球手法非常重要，是掌握投篮技术的前提，也是合理运用投篮技术最基本、最重要的条件之一，因此，有必要对持球手法重视起来。

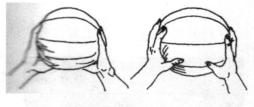

双手持球

　　持球手法有双手和单手两种形式，每一种形式又有高手和低手之分。双手高手持球手法是：两手手指自然张开，两拇指相对成"八"字形，用指根以上部位握球的两侧后下方，手心空出。

　　单手高手持球手法是：五指自然张开，球置于手上，以指根以上部位接触球，手心向上并空出。单手低手持球手法与高手相同，只是掌心向上。

单手高手持球

# 移　动

移动技术是篮球基本技术的基础，它是通过各种快速、突然的脚步动作变换达到进攻时摆脱防守、防守时盯住对手，以争取攻守主动的一种手段。

## 基本站立姿势

基本站立姿势非常重要，它为各种脚步动作做好了准备。

1. 防守基本站立姿势

两脚自然开立比肩稍宽，屈膝降低重心，左脚稍前，上体微向前倾而放松，一手前伸，另一手侧伸，含胸收腹向前看。

2. 进攻基本站立姿势

两脚开与肩宽，两膝微屈，两臂屈肘于体侧，含胸抬头。

## 起动

从基本站立姿势开始，起动时身体重心向跑动方向移动，以后脚（向前起动）或异侧脚（向侧起动）的前脚掌内侧突然用力蹬地，同时上体前倾或侧转，手臂协调地摆动，充分利用蹬地的反作用力，迅速向跑动方向迈步。

## 跑

1. 变向跑

变向跑即改变方向跑。从右向左变向跑时，最后一步右脚着地，脚尖稍向内扣，用前脚掌内侧用力蹬地，屈膝，腰部随之左转，上体向左前倾，快速移动重心，左脚向左前方跨出，然后加速前进。

2. 变速跑

变速快跑时，要利用两脚突然短促有力的连续蹬地，加快跑的频率，同时上体稍向前倾和手臂相应地摆动加以配合；减速跑时，利用前脚掌用力抵地来减缓快跑的前冲力，同时上体直起，保证身体重心的后移，从而降低跑速。

跳

跳是指队员在场上争取高度及远度的一种动作方法。篮球比赛中很多技术需要队员在空中完成，队员必须能单脚、双脚起跳，会在原地、跑动中和对抗条件下向不同方向跳和连续跳等，并要求起跳快、跳得高、滞空时间长，更好地在空中完成各种攻守动作。

跳有双脚起跳和单脚起跳两种方法。

1. 双脚起跳

起跳时，两膝弯曲降低重心，两脚用力蹬地，同时提腰摆臂向上起跳。身体在空中时，自然伸展控制平衡，落地时，前脚掌先落地，屈膝缓冲重力，注意保持身体平衡，以便衔接下一个动作。双脚起跳多在原地运用，也可在上步、并步、跳步或助跑情况下运用。

2. 单脚起跳

起跳时，踏跳脚脚跟先着地，迅速过渡到脚前掌用力蹬地，同时提腰摆臂，另一腿快速屈膝上提，当身体达到最高点时，摆动腿自然伸直与起跳腿和并。落地时，双脚稍分开，屈膝缓冲，以便衔接其他动作。单脚起跳多在助跑情况下运用。

急停

急停是跑动中停止的方法，进攻队员借此摆脱防守。

1. 跨步急停

急停时，先向前跨出一大步，跨步的同时，上体后仰，重心后移，用脚跟先着地，然后过渡到全脚掌抵住地面。另一脚随之跨出第二步，用前脚掌内侧用力触地，迅速屈膝降重心，控制身体的前倾，保持身体平衡。

### 2. 跳步急停

在中慢跑时,用单脚或双脚起跳(一般离地面不高),上体稍后仰,两脚同时平行落地。落地时全脚掌着地,用前脚掌内侧蹬地,两膝自屈,两臂屈肘微张,以保持身体平衡。

## 转身

转身指队员以一只脚做中枢脚进行旋转,另一只脚蹬地向前后跨出,改变身体原来方向的移动动作方法。转身可与急停、跨步、持球突破结合运用,有效地摆脱防守创造传球、投篮机会。

### 1. 前转身

前转身是指移动脚蹬地,在身前跨步改变身体的方向。转身时,中枢脚前掌用力碾地,移动脚蹬地并迅速跨步,同时转腰转肩并保持身体平衡。

### 2. 后转身

后转身是指移动脚蹬地,在身后进行弧形移动。转身时,中枢脚碾地旋转,移动脚蹬地并向自己身后撤步,同时,腰胯主动用力旋转,身体重心随着转移,保持身体重心平衡。后转身可在原地或行进间运用。

## 滑步

### 1. 侧滑步

从基本站立姿势开始,两脚平行站立,两膝较深弯曲,上体微向前倾,两臂侧伸。向左侧滑步时,右脚前脚掌内侧蹬地,左脚向左跨出,在落地的同时,右脚紧随滑动,向左脚靠近,两脚保持一定距离,左脚继续跨出。

在滑步时,要保持屈膝低重心的姿势,身体不要上下起伏,重心保持在两脚之间,眼要注视对手。向左侧滑步时脚步动作相反。

### 2. 前后滑步

后滑步时,用前脚掌内侧蹬地,腰部用力向后转体,前脚后撤,同时后脚的前脚掌蹬地，当前脚后撤着地后，紧接滑步，保持身体平衡与防守姿势。前滑步则与此相反。

后滑步时前脚先后撤再做滑步，保持与对手的距离。前滑步时，注意身体不要过于前倾，以免失掉重心被对手突破。

### 攻击步

攻击步是防守队员突然向前跃出，进行抢、打、断球的一种防守移动方法。做攻击步时，后脚要猛力蹬地，前脚迅速向前跨出逼近对手。落地时重心偏在前脚上，前脚同侧手前伸做干扰和抢截性防守动作。

# 传　球

传球是篮球比赛一队的队员之间有目的地转移球的技术手段。传球动作分双手和单手两大类，不管是向任何方向传球，也不管何种传球方式，都需要全身协调用力，主要通过手臂、手腕和手指的用力作用于球来完成。中、近距离的传球，主要依靠前臂的伸、摆，手腕的翻转、前屈和手指的屈拨动作，它决定球飞行的方向、路线、速度和落点。

由于比赛中任何一次传球都是同伴之间有目的的传递。所以，必须根据攻守队员所占的位置、距离和移动速度以及行动意图，选择适宜的传球路线、速度和落点，才能保证传球的效果。

球飞行的路线有直线、弧线和折线三种：当手腕、手指力量作用于球的正后方时，则球飞行方向是向前且平直；当手腕、手指力量作用于后下方时，则球飞行的方向沿弧线向前上方飞行；当手腕、手指力量作用于球的后上方，则球向前下方击地成折线飞行。

球飞行速度的快慢，取决于传球动作中手腕、手指用力的大小和速率的快慢。在球离手的一刹那，手腕翻转，前屈速度越快，手指屈拨力量越大，则球受力也越大，飞行的速度越快。反之，球的飞行速度也越慢。

球的落点是指传出的球所要达到的位置，一般来讲，应将球传至接球队员的胸部高度为宜。遇有防守的情况下，将球传到远离防守队员一侧的位置上。如果接球队员在移动中，则应人到球到，正好能接到。

传球要力求做到及时、准确、快速。要充分利用前臂伸、摆、甩等各种不同的用力方法，增加出球点，扩大出球面，提高传球的灵活性与实效性。

篮球的传球方式有很多，常见的有以下几种主要传球方式：

1. （双手）胸前传球

从胸前传球快速、有效，是最常用的传球方式。动作方法是：双手持球于胸腹之间，身体保持基本姿势站立。传球时，后脚蹬地，身体重心前移，两臂迅速向传球方向伸出，同时两手腕随之内旋，拇指用力下压，食、中指用力拨球将球传出。

2. （双手）头上传球

双手头上传球可以越过防守队员，并且可以传得很远。动作方法是：双手从球的两侧面持球（手指尖朝上），置于头顶，肘部微屈，向传球方向跨一步的同时手腕向后转，球移至脑后，将球向前抛出。

3. （双手）体前反弹传球

动作方法是：双手持球于胸腹部，两脚开立。传球时，前臂向传球方向伸直，手腕翻转，拇指用力下压，食、中指拨球将球传出。使球通过击地反弹到同伴的手中。传球力量的大小，要以球反弹后接球队员能在腰腹位置顺利接到为宜。

4. 单手肩上传球

以右手为例，传球时，左脚向传球的方向迈出半步，同时将球引到右肩上方，肘关节外展，上臂与地面近似平行，手腕后仰。右手托球，左肩对着传球方向，重心落在右脚上，右脚蹬地、转体的同时，右前臂迅速向前挥臂，手腕前屈，通过食指、中指拨球，将球传出。

5. 单手体侧传球

以右手为例，双手胸前持球，左脚向左跨半步，右手将球引至身体

**单手体侧传球**

右侧，拇指向上，手心向前，左手离球。臂向前做弧线摆动，手腕前屈，用食、中指的力量将球拨出，出球部位在体侧。

6. 单手胸前传球

以右手传球为例，双手持球于胸腹之间，身体保持基本姿势站立，传球时，上体稍右转，右手腕后屈转至球的后方，同时左手离球，右臂迅速前伸，屈腕、手指拨球，将球传出。

最后要说明的是，采用哪种方式传球要取决于实际情况，要具体问题具体分析。

# 接　球

接好球是传球的保证。接球时眼睛要注视来球，手臂迎球伸出，手指自然分开，当手指触球后，手臂屈肘后引，缓冲来球的力量，两手握球，保持身体平衡。

常用的接球方法有单手接球和双手接球，双手接球又包含三种情况。

1. 单手接球

以用右手接球为例，接球时，右脚向来球方向迈出，两眼注视着来球。手掌成勺形，手指自然分开，右臂向来球的方向伸去。当手指触球时，手臂顺势将球向后下引，左手立即握球，双手将球握于胸腹之间，保持基本持球姿势。

## 2. 双手接球

双手接球时，两眼注视来球，两臂伸出迎球，手指自然分开，两拇指成八字形，手指向前上方，两手成一个半圆形。当手指触球后，迅速抓握球，两臂随球后引缓冲来球的力量，两手握球于胸腹之间。来球的高度不同时，两臂伸出迎球的高低也应有所不同。可分为几种情况：

① 双手接胸部高度的球。这是最基本的接球方法，它握球牢固、稳定，易于转换成其他技术动作。接球时，伸手迎球，指端触球，双手迅速后引，握球于胸腹之间。

② 双手接头部高度的球。动作方法与双手接胸前高度的球相同，只是伸臂接球时，双手伸向前上方。

③ 双手接反弹球。要迎球跨步，两臂向前下方伸出接球。

**双手接球**

# 运　球

运球是指持球队员在原地或移动中，通过手指、手腕的用力，连续地拍按由地面反弹起来的球的动作。

运球是篮球比赛中持球队员个人进攻的重要技术，不仅是持球队员完成个人移动，摆脱防守，进行个人攻击的重要手段，同时也是组织和完成全队进攻战术配合的重要桥梁。

运球技术动作是由身体姿势、拍按球的手型、手拍按球的动作和球的运行四个环节共同构成。其中手拍按球的动作是四个环节中的主要部分，它决定了球的运行方向、球的反弹高度和速度。

### 身体姿势

原地运球时，两脚前后（或平行）开立，两膝微屈，上体稍前倾，头抬起，目平视，非运球手屈臂，肘平抬，用以保护球。

行进间运球时，脚步动作

传球

和下肢各关节的屈伸随运球速度和高度的不同有所变化，随速度的加快，动作幅度逐渐加大，随运球高度的降低，动作幅度逐渐减小。

### 手拍按球的手型

运球时，运球手的五指分开，用手指和指根部位及手掌的外缘接触球，手心应空出，使手掌充分地和球面接触，以利于对球的控制。

### 手拍按球的动作

手拍按球的动作是构成运球技术的关键，在运球过程中根据运球高度的不同，应分别以肘关节和肩关节为轴。运球时，五指自然张开，主动迎从地面反弹起来的球。在手与球接触的瞬间，屈前臂，伸手腕，手指放松，以缓冲球向上反弹的力量，控制球的反弹高度和速度。当球在手中短暂停留时，应迅速伸前臂，屈手腕，向球要运行的方向发力，使球向前进的方向运行。球的落点通常在运球手同侧脚的外侧前方。

### 球的运行

拍按球的部位和力量决定了球的运行方向和速度。拍按球的部位不同，球在地板上的入射角和反弹起来的反射角也不相同，拍按球时力量大小的改变，使球从地面反弹的高度和速度也随之产生改变。原地运球时，拍按球的部位在球的上方；向前运球时，拍按球的部位在球的后侧上方，向前运球的速度越快，手和球接触的部位越向下移动；当需要向两侧运球变向时，拍按球的部位应在球的外侧上方，向变向的方向主动发力，改变球原来的运行轨迹。

掌握和提高运球技术的关键在于手对球的控制能力，脚步动作的熟练程度以及手、脚的协调配合能力。只有经常反复不断地练习，才能做到熟练地掌握和控制球，才能在比赛中做到得心应手，运用自如。

常见的篮球运球方法有：

1. 高运球

运球时两腿微屈，上体稍前倾，目平视。以肘关节为轴，前臂自然屈伸，手腕和手指柔和而有力地按拍球的后上方，用指根及指腹部位触球，食指向前。球的落点控制在运球手同侧脚的外侧前方，使球的反弹高度在胸腹之间。

2. 低运球

运球时，两腿深屈，重心下降，上体前倾，屈腕用手指和指根部位短促地按拍球的后上部，使球的落点在身体的侧面，反弹高度保持在膝关节以下，以便更好地控制球和摆脱防守。

3. 急停急起运球

在对方防守较紧时，利用速度的变化摆脱对手，用以破全场紧逼防守。

在快速运球中突然急停，使身体重心下降，手按拍球的前上方，使球停止向前运行，目视前方。急起时，两脚用力蹬地，上体迅速前倾起动，同时手按拍球的后侧上方，人、球同步快速前进。

4. 体前变向运球

以右手运球为例，运球变向时，右手拍按球的右后上部，把球从自己的右侧拍按至左侧前方。同时，右脚向左前方跨出，上体左转，然后换左手向前运球。

5. 背后运球

以右手运球向左侧变向为例，运球变向时，右脚在前，右手将球运至身体的右侧后方，左脚前跨，右手按拍球的侧后方，使球经身后运至左脚的侧前方，右脚迅速向左前方跨步，换左手运球继续前进。

### 6. 转身运球

当对手堵右侧突破时，迅速出左脚，微屈膝，重心移至左脚，并以左脚前脚掌为轴做后转身，右手将球拉至身体的后侧方，并按拍球落在身体的外侧方，然后换左手运球，加速超越防守。

### 7. 胯下运球

运球变向时，应跨出左脚，右

胯下运球

手按拍球的右侧上方，使球从右腿侧穿过两腿之间，离地反弹到左脚侧，右腿向左前方迅速跨步，换左手运球继续前进。

# 抢 球

抢 球

抢球是从进攻队员手中夺取球。抢球时手部的动作方法有两种：

### 1. 拉抢

防守队员看准对手的持球空隙部位，迅速用两手抓住球后突然猛拉，将球抢夺过来。

### 2. 转抢

防守队员抓住球的同时，迅速利用手臂后拉和两手转动的力量，将球从对手中抢过来。抢球时，为了加大夺球力量，可以利用转体动作，迫使对手无法握球。如果抢球不成功时，应力争与对手造成"争球"。

# 打　球

打球是击落对方手中球的方法。在对方接球的一刹那突然上前，手臂前伸，掌心向上（对方持球较高）或向下（对方持球较低），快速短促发力，以掌干净利落地击落对方手中的球。对行进间投篮队员手中的球采用后种方法。

1. 打持球队员手中的球

打球的方法有由下向上打和由上向下打两种。由下向上打球优点较多，打球时不仅不会失掉重心和防守位置，而且容易把球打掉和接到。

2. 打运球队员手中的球

打运球队员手中的球，应先防止对方变向运球，然后看准机会，在球弹起又未触及运球队员手时，用手指、手腕和前臂动作将球打掉。一旦打球成功，就要尽快向前抢球。

3. 打行进间投篮队员手中的球

进攻队员运球投篮时，防守队员要随其移动，当运球队员跨出第一步时，防守队员要靠近，当他跨出第二步时，防守者迅速移动到他左侧稍前方，同时用左手从球的上方向斜下方将球击落。

# 断　球

断球是截获对方传接球的方法。根据传球方向和防守队员断球前所处的位置，一般分为横断球、纵断球和封断球三种。

### 1. 横断球

横断球是从接球队员的侧面跃出截获球的动作。断球时，屈膝，身体重心下降，准备起动。当球刚由传球队员手中传出的一刹那突然起动，单脚或双脚用力蹬地跃出，身体伸展，两臂前伸，将球截获。如距离较远可加助跑起跳。

**断球**

### 2. 纵断球

纵断球是从接球队员身后或侧后跃出截获球的动作。当防守队员从接球队员的右侧向前断球时，右脚先向右侧前方跨出半步，然后侧身跨左脚绕到接球队员的前方，左脚或双脚用力蹬地向前跃出，身体伸展，两臂前伸，将球截获。

### 3. 封断球

封断球是在封堵持球队员传球时截获球的动作。当传球队员暴露了自己的传球意图时，或传球动作较大，防守者可在对方球出手的一刹那，突然起动，伸臂封盖或将球截获。

# 投　篮

投篮动作是从投篮准备姿势开始，用下肢蹬地发力，腰腹向上伸展，手臂向前上方伸直，手腕前屈或翻转，手指拨球，全身协调用力将球投出。

由于投篮的出手点一般低于篮圈的高度（这是就一般的投篮而言的，扣篮及特殊的投篮的出手点要高于篮圈），而要将球投进篮圈之中，就必须有正确的持球方法、瞄准点、全身的协调用力、合理的出手角度和出手速度、规律性的旋转、适宜的飞行弧线和入篮角度。这几个技术环节对投篮的准确率十分重要。投篮命中率低通常与这几个因素有关，比如瞄篮点控制不好，使球的飞行方向产生左右偏差；球在空中飞行时不是向后旋转，而是侧旋；投篮抛弧线不是过高就是过低；投篮动作的用力顺序概念模糊，导致投篮动作僵硬不协调等。因此，一定要重视投篮的这几个技术环节。

## 持球方法

正确的持球方法是掌握投篮技术的前提，也是合理运用投篮技术最基本最重要的条件之一。持球时，使球尽可能在手中保持稳定，便于与其它攻击技术结合，有利于球出手时合理、准确地用力。

以单手投篮的持球为例。手腕后仰，掌心向上，五指自然分开，指根及其以上部位（包括大、小拇指的指根以上部位）触球，空出手心，肘关节自然下垂，另一手扶球的侧上部，举球于同侧头或肩的前上方。

## 瞄篮点

瞄篮点是指运动员投篮时的瞄准点。有了正确的瞄篮点能使运动员在瞬间目测出篮圈的精确方位和距离，从而决定相应的出手力量、飞行弧线和落点。

投空心篮的瞄篮点一般为篮圈前沿最近的一点；碰板投篮的瞄篮点在篮板的正面。瞄篮点因投篮角度、距离、力量和飞行弧线的不同而有所区别。

运动员要因势变化，善于根据情况随时调节碰板投篮的瞄篮点和出手力量。不论选择何种瞄篮点，投篮训练时运动员都应以既定的瞄篮点为参照，只有经过较长时间的反复体验，才能形成出手用力习惯，达到运用自如的效果。

## 协调用力

投篮出手协调用力是指投篮时身体各部位综合、协调的用力过程，它是整个投篮动作的关键环节。

以原地单手投篮为例。力的聚合是从投篮准备姿势开始的，力量的起点源于投篮前的基本站法和身体平衡，由下肢蹬地发力，然后沿着投篮出手的方向伸展身体，特别是借助脊柱伸展的惯性促使下肢、躯干和上肢连贯、协调配合，将身体各部位肌肉的力量最后各聚于手臂、手腕和手指部位，以伸展手臂、手腕的前屈及手指的弹压动作将球投出。任何一种投篮方法，最后都是运用肩、肘、腕、指关节的活动来实现的。不同的投篮方法主要由肩、肘关节的活动和角度而定。

### 出手角度

出手角度是指投篮时球离手一瞬间球重心飞行轨迹的切线与出手点水平面所形成的夹角，它决定球在空中的飞行线和入篮角的大小。

### 出手速度

出手速度是指投篮出手的一瞬间，身体各部位的综合肌力经过手腕和手指的调节，而使球离手进入空间运行的初速度。现代投篮技术发展的显著特点之一便是动作突然，出手速度快而合理。投篮出手速度首先取决于身体协调、综合用力的大小及腕、指用力的调控，而手腕的翻转、抖屈和手指弹拨球动作的柔韧性、突发性和连贯性是取得合理出手速度的关键。

### 球的旋转

投篮时，球的旋转是依靠手腕前屈或翻转和手指拨球动作产生的。由于投篮的动作方法与用力方向和用力大小不同，球的旋转也不同。一般中、远距离投篮时，大都使球围绕横轴向后旋转，这样易于加大球的飞行弧线，提高投篮命中率。在篮下低手投篮时，应使球围绕横轴向前旋转。篮下碰板投篮，应使球向篮圈一侧旋转或向后旋转，这样有利于缓和篮板的弹力，使球入篮。

### 抛物线与入篮角

投篮时，球出手后在空间飞行的弧线轨道称为投篮抛物线。抛物线的高低，直接关系到能否取得合适的入篮角，这对投篮命中率有极其重要的影响。而抛物线的高低取决于投篮出手角度、出手力量和出手速度。因此，投篮时必须根据不同的投篮距离，投出不同的抛物线。入篮角是球投出后，根据抛物线和入篮点所计算出的角度。

投篮的手法很多，最为常见的有：

### 1. 单手肩上投篮

原地单手肩上投篮是最基本的投篮方法，它是行进间投篮和跳起投篮技术的基础，是比赛中最常用的投篮方法。

以右手投篮为例，动作方法是：双脚分立，与肩同宽，右脚稍前，身体重心落在两脚之间，持球于同侧头或右肩前上方，左手扶球左侧，两膝微屈。投篮时，下肢蹬地发力，腰腹伸展，抬肘伸前臂，手腕前屈带动手指弹拨球，最后通过食指、中指柔和用力将球投出。

### 2. 双手胸前投篮

双手持球于胸前，肘关节自然下垂，两脚前后或左右开立，两膝微屈，重心落在两脚之间。投篮时，两脚蹬地，腰腹伸展，两臂向前上方伸直，两手腕同时外翻，手腕前屈，拇指用力拨球，使球通过食、中指端将球投出。

### 3. 跳投

以右手投篮为例，双手持球于胸前，两脚左右（或前后）分立，两膝微屈，身体重心落在两脚之间。起跳时，两膝适当弯曲，接着前脚掌蹬地发力，向上迅速摆臂举球并起跳，双手举球于肩上或头上，左手扶球左侧。当身体升至最高点或接近最高点时，左手离球，右臂向前上方伸直，

跳投

勾手投篮

同时突然发力屈腕，以食、中指拨球，使球通过指端投出。落地时屈膝缓冲，保持身体平衡。

### 4. 勾手投篮

以右手投篮为例，右脚跨出一大步的同时接球，左脚向球篮方向跨出一小步，使身体侧对球篮。左脚蹬地起跳，右腿提膝，球由胸前经体侧，右手向左肩上方划弧举球。当球举至头的侧上方接近最高点时，屈腕，食、中指拨球，通过指端将球投出。

### 5. 原地跳起单手肩上投篮

手法与原地单手投篮相同。两膝微屈，重心在两脚之间。起跳时，两脚迅速弯曲，脚掌用力向上跳起，同时双手将球由胸前举至肩上方，当身体接近最高点时，右臂向前上方伸直，手腕前屈，以食指、中指拨球投出。在移动中则应以跨步或跳步接球急停，同时下降重心，接着用力跳起将球投出。

### 6. 行进间低手投篮

以右手投篮为例，行进间右脚跨出一大步的同时接球，接着左脚迈出一小步同时用力蹬地起跳，右腿屈膝上抬，右手掌心向上托球下部，向前上方举球。当举球手接近球篮时，手腕上挑，用食指、中指、无名指用力拨球，使球通过指端投出。

转身跳起投篮

### 7. 行进间高手投篮

以右手投篮为例，行进间右脚

跨出一大步的同时接球，接着左脚迈出一小步同时用力蹬地起跳，右腿屈膝上抬，同时双手向前上方举球，腾空后当身体接近最高点时，右臂向前上方伸展，手腕前屈，以食指、中指拨球，通过指端将球投出。

8. 运球急停跳起投篮

以右手投篮为例，在快速运球中，运用跳步或跨步急停，快速起跳，同时双手持球上举。当身体接近最高点时，左手离球，右前臂向前上方伸直，手腕前屈，食、中指用力拨球，通过指端将球投出。

9. 转身跳起投篮

以右手投篮为例，背向或侧向球篮持球时，用左（右）脚为轴做前（后）转身面对球篮，两腿弯曲，两脚迅速蹬地起跳，同时双手持球上举。当身体接近最高点时，左手离球，右臂向前上方伸直，手腕前屈，食、中指用力拨球。通过指端将球投出。

# 补 篮

单手补篮

补篮是指队员在球未投中而从篮圈或篮板反弹出来时，迅速判断球的反弹方向，及时跳起在空中直接托球或点拨球入篮的投篮方法。

补篮可以用双手，也可以用单手。原地跳起补篮一般是双脚起跳较好，行进中则最好用单脚起跳。补篮时托球入篮比较稳，但出手点低，而点拨球出手快且高，但准确性较差。

1. 双手补篮

当球从篮圈或篮板反弹时，要准确地判断球的反弹方向，迅速起跳，身体向上伸展，两手臂向球的方向伸出，当身体跳到至高点，两手接触球的一刹那，用手指、手腕的力量将球托入篮圈，或用双手点拨球入篮。

2. 单手补篮

当球从篮圈或篮板反弹时，要准确地判断出球的反弹方向，迅速起跳，身体向上伸展，手臂向球的方向伸出，当身体跳至最高点，手臂接触球的一刹那，在空中单手托球入篮或用单手指尖将球点拨入篮。

# "盖帽"

盖帽

盖帽是防守队员将进攻队员刚投出的球或处于上升阶段的球打掉，称为"盖帽"。"盖帽"前，要根据进攻队员的投篮动作及其身高和弹跳等特点，迅速接近他，选择好恰当的位置和距离，准确地判断他出手的时间，及时起跳将球打落。运用"盖帽"技术时，应注意下列几点：

（1）注意"盖帽"之前，与进攻队员之间的距离，要看进攻队员是处在线内还是线外，是面向球篮还是侧向球篮。对方离篮较近或侧向球篮时，一般距对方30～40厘米左右，如果对方离篮较远或面向球篮时，可离他较远一些，一般在 50 厘米左右或更远一些。除此以外，还要考虑双方的身高、弹跳和伸展能力。总的来说对手伸臂投篮时，防守队员要能打到球，这是最合适的距离。

（2）注意起跳时间。当进攻队员起跳时，立即随之起跳。如何掌握起跳时间，做到不早不晚，恰到好处这决定于准确的判断。眼睛要多注意球的移动，不要被对方假动作迷惑。对投篮出手慢的队员，起跳时间可适当晚些，对出手快的队员，可以早些跳。打不到球，也给对方一个威胁，影响其投篮动作和出手角度。

（3）注意打球动作。起跳后，身体舒展，手臂高举，当对方球出手时，用手腕动作将球拍出或打掉。当进攻队员运球上篮、防守者在侧面追防时，一般可用单脚起跳，从侧面"盖帽"。如果迎面防守，一般可用上步或垫步双脚起跳，从正面"盖帽"。

# 持球突破

持球突破是持球队员运用脚步动作和运球技术相结合，快速超越对手的一项攻击性技术。

突破技术在运用时，如果能把所握突破时机，正确地运用技术，既能直接切入篮下得分，又能打乱对方的防守部署，创造更多的进攻机会，同时还能增加对手犯规的几率，从而获得更多的罚球次数，给对手的防守动作带来更大的威胁。突破技术与传球技术和投篮技术结合使用，能使进攻的手段更加丰富多样，机动灵活，使进攻能力得到大大的提升。

持球突破技术可分为交叉步突破、同侧步突破、前转身突破和后转身突破四种。

1. 交叉步持球突破

以右脚做中枢脚为例，突破时，两脚左右开立与肩同宽，两膝微屈，重心控制在两腿之间，持球于胸腹之间。突破时，左脚前脚掌内侧用力蹬地，同时上体右转探肩，贴近对手，球移至右手，左脚交叉步前跨抢位，同时向左脚左斜前方推放球，右脚用力蹬地跨步，加速超越对手。

### 2. 同侧步持球突破

以左脚做中枢脚为例，突破前，两脚左右开立稍大于肩，两膝微屈，重心控制在两腿之间，持球于胸腹前。突破时，右脚向右前方跨一大步，同时转体探肩，重心前移，右手放球于右脚侧前方，左脚迅速蹬地并向右前方跨出，加速运球超越对手。

**持球突破**

### 3. 后转身突破

以左脚为中枢脚，背向球篮站立，两脚平行（或前后）开立，两腿弯曲，重心降低，两手持球于腹前。突破时，以左脚为轴转身，右脚向右侧后方撤步，上体右转，脚尖指向侧后方，右手向右脚前方放球，左脚内侧迅速蹬地，向球篮方向跨出，运球突破防守。

### 4. 前转身突破

以左脚为中枢脚，突破前的准备动作与后转身准备动作相同。突破时重心移至左脚上，右脚前脚掌内侧蹬地，左脚为轴，右脚随着前转身而向球篮方向跨步时，左肩向球篮方向压，右手运球后左脚蹬地，向前跨出，突破对手。

不论哪种持球突破，其技术的运用都包括蹬跨、转体探肩、推放球和加速四个环节。

（1）蹬跨。持球队员只有通过积极有力的蹬地才能迅速地起动。蹬跨时，屈膝降重心，上体前倾，使身体重心前移，并配合积极有力的蹬地，便能达到迅速起动的效果。突破时跨出的第一步要大，尽可能靠近或超越对手，以获取有利的位置，以便第二步的加速蹬地。

（2）转体探肩。几乎在蹬地的同时，上体前移与转体探肩同步进行，紧贴防守人的侧面，以利于迅速占据有利的空间位置，达到突破对手和保护球的目的。

（3）推放球。突破前，双手持球于腰胯部位，在转体探肩的同时，将球移至远离防守人一侧的身体前方，并在中枢脚离开地面以前迅速地向跨出脚的侧前方推放球，做到以球领人，并用远离防守人一侧的手运球。

（4）加速。在完成上述动作之后，中枢脚要积极蹬地，使身体获得很大的加速度，以便超越对手。

这四个环节在突破技术的运用过程中是环环相扣，紧密衔接，在运用中不能将它们独立地分开来进行。只有熟练地掌握好这几个环节，并能连贯地加以运用，才能较好地掌握完整的持球突破技术，才能使持球突破技术真正达到它攻击性的目的。

# 抢篮板球

抢篮板球是一项较复杂的技术，主要由抢占位置、起跳动作、抢球动作和获球落地动作组成。

准确判断篮板球的反弹方向和距离，是抢占位置的前提。篮板球的反弹是有一定规律的，一般情况下，投篮距离与球的反弹成正比，即投篮距离远，反弹距离远，反之投篮距离近反弹的距离则近。此外，由于投篮位置、角度的不同，球反弹的方向也是不同的，一般来说，在45度角投篮时，球弹向对侧45度角或反弹到投篮一侧；如果是正对球篮的投篮，一般球反弹在正面的可能性较大；如果是在0度角投篮时，球弹向对侧0度或反弹回投篮时的地区。

抢占有利位置是抢篮板球技术的关键，无论抢进攻篮板球还是抢防守篮板球，都要抢占在对手与球篮之间有利的位置上。抢进攻篮板球时要判断好球的反弹方向，运用快速的脚步动作进行冲抢。抢防守篮板球时要注意用转身挡人的动作先挡人后抢篮板球。

抢篮板球多以双脚起跳为主，起跳前，两腿弯曲，两臂屈肘于体侧，上体稍前倾，眼睛注视球，注意观察判断球的反弹方向，及时起跳。起跳时两脚用力蹬地，两臂同时上摆，手臂上伸，力争在最高点拿到球。如果离篮较远时可采用单脚起跳，单脚起跳抢篮板球是在判断球的反弹方向后，向球的落点迈出，单脚用力跳起，手伸向球的方向。

空中抢球动作有三种方法：一种是双手抢球；一种是单手抢球；还有一种为点拨球。

双手抢篮板球

单手抢篮板球

### 1. 双手抢篮板球

当指端触球的瞬间双手用力握球，腰腹用力，迅速屈臂将球置于腹部，同时双肘外展，以保护好球。高大队员抢到球后，为防止对手围守，可双手将球举在头上。双手抢篮板球的优点是握球牢。

### 2. 单手抢篮板球

当身体跳到最高点时，单手向球方向伸展，指端触球后迅速屈腕、屈指、屈肘，并用力收臂拉球于胸腹前，另一只手立即扶球。单手抢篮板球的优点是触球点高，控制空间面积大。

### 3. 点拨球

点拨球是在跳起最高点时，用指端点拨球的侧方、侧下方或下方，把球点拨给同伴或点拨到便于自己控制到球的位置以便获球。点拨球的优点是触球点高，可以直接补篮和缩短传球时间。

从技术角度讲，可将抢篮板球分为抢进攻篮板球和抢防守篮板球。

### 1. 抢进攻篮板球

当同伴或自己投篮时，处在篮下的进攻队员首先应判断球的反弹方向，然后向相反的方向的侧前方跨出，利于身体虚晃的动作，诱开身前的防守队员，让胯挤到对手的面前或侧前面，抢占有利位置，借助跨步或助跑起跳，跳至最高点补篮或抢篮板球。落地时，两臂腕屈，重心放在两脚之间，将球持于胸腹之间，两肘外展，高大队员可将球置于头上，以便衔接其他进攻技术动作。如果外线进攻队员冲抢而被防守队员阻截，可运用虚晃动作或快速跑摆脱防守队员的阻截，冲向球的落点进行补篮，抢获球后，可根据防守情况在进行投篮、传球或运球。总之，进攻队员抢篮板球要准确判断时间，绕步冲阻，及时起跳，补篮或迅速组织第二次进攻。

### 2. 抢防守篮板球

抢防守篮板球要保持正确的站位姿势，即两臂腕屈，上体稍前倾，重心放在两脚之间，两臂屈肘侧张占据较大面积。当对手投篮出手后，应注意对手的动向，并根据当时与进攻队员所处的位置和距离的远近，运用上步、撤步和转身抢占有利位置，把进攻队员挡在身后，同时还要判断球的落点准备起跳。起跳时，用前脚掌用力蹬地，提腰向上摆臂，同时手向球的方向伸展。如果在空中没有传球落地时，应保持身体平衡，侧对前场，将球持平于胸腹之间或头上，以便及时运用传、突技术。总之，抢防守篮板球要准确判断球的反弹方向和落点，抢得球后及时跳起，迅速完成第一传。

同时，在比赛中，抢篮板球不仅是个人的技术动作，而且是攻防战术的重要组成部份，因此不但要发挥个人抢篮板球的能力，而且要发挥团队的力量，有组织、有配合地争抢篮板球。

1. 抢进攻篮板球的组织配合

当同伴投篮时，为了攻守平衡，一般是靠近篮下的三名队员积极抢占限制区两侧和罚球线前的区域，形成三角形抢篮板球阵式。在组织抢进攻篮板球时，每名队员都要目的明确，采取左投右抢，右投左抢、里投外抢和自投跟进冲抢的方式抢篮板球。

2. 抢防守篮板球的组织配合

分两种方法：

区域抢位挡人法：部署三名防守队员抢占限制区域两侧和罚球线前三个区域，形成三角形抢篮板球的有利位置。

人盯人抢位挡人法：五名防守队员尽可能挡住各自的对手，切断所有对手向篮下冲抢板球的路线，然后抢篮板球。

# 防守对手

防守对手是防守队员为阻挠和破坏对手的进攻，合理运用脚步移动、手臂动作和身体姿势，积极抢占有利位置以达到控制球目的所采用的各种专门动作的总称。

防守对手是由脚步动作、手部动作和结合防守的位置、距离、姿势、移动、步法等因素构成。以球为主，"球、人、区"三位一体防守原则。

脚步动作作为防守者在防守对手时而采用的移动步法，是个人防守技术的基础。防守者为破坏对手的进攻意图，必须采用行之有效的防守动作和适宜的脚步移动。一般情况下，防守者在防守过程中为保持身体平衡，便于向各个方向移动，多采用滑步，配合其他脚步移动步法完成防守任务。

手臂动作在防守中起干扰对方球的作用，在防守中配合脚步移动可阻止和减缓对手的进攻，可阻挠和破坏对手投篮，以及达到争夺球权目的。

手臂动作的运用，主要表现在抢、打、断球和利用两臂动作阻挠或破坏对手投篮，快速的脚步移动、合理的手臂动作运用是防守技术的重要组成。

防守对手分为：防守持球队员和防守无球队员。

## 防守持球队员

防守持球队员的主要任务是干扰对手的投篮、堵截其运球突破、封锁对手助攻传球并积极抢打球，以达到控制球权的目的。

防传球的重点应放在防接球，就是不让对手轻易地把球传向篮下有攻击威胁的内线区域。当进攻队员接球后，防守队员首先要正确选择位置，保持适当距离和调整好身体重心，眼不离球，根据对手的位置、动作和视线，判断其传球意图，挥动手臂进行干扰封堵，特别要防范对手向内线渗透性的传球，尽可能迫使其做转移性传球。如果进攻队员运球成"死球"时，应立即逼近，封其传球出手路线。当对手传球出手后，千万不要看球不看人，要防止其摆脱切入。

防运突是指防守进攻队员的运球、持球突破和运球中的突破。

防运突也是防守有球队员的重要技术，它的主要任务是降低其运球速度，改变其运球方向和不让他向篮下运球，防守他在运球中突破。一般情况下，防守队员要积极超前追防，并在移动中降低重心，侧对或面对运球者，保持身体平衡。不要用交叉步移动，要用撤步与滑步，要抢在运球者的前面半步到一步距离进行阻堵，迫使其向边线、场角或双方队员比较拥挤的地方运球。特别在新规则对防守队员由前场退防至自己后场有技术性要求后，更要格外注意超前距离的追截堵位。在这个过程中，不要轻易去打球，以免造成失去平衡或犯规。当进攻队员利用速变向、急起急停等方法来摆脱防守时，在他变换动作时要及时抢前向后移动，占据有利位置和按制身体平衡，合理而迅速地变换步法继续进行阻截

在防运球过程中应遵循两条原则：一是堵中放边，终止其运球；二是堵强手，迫使其换弱手运球变被动为主动。

当进攻队员获得球后，有面向球篮和背对球篮两种情况要分别采取不同防守方法。

如果防守面向球篮的持球队员，要注意进攻队员接球的瞬间，往往是突破最有威胁的时机，特别是跳停接球，常常利用错位进行突破。此时，防守防员的选位很重要，要根据进攻队员接球的位置、与球篮的距离和角度、来球的方向以及同伴防守位置的情况，要堵强手、放弱手，放一边、保一边，迫使对方改变方向，变换突破步法降低起动速度，以利自己及时抢角度，利用撤步或滑步，使其无法超越。当进攻队员接球后采取"三威胁"姿势企图突破时，要根据对手的习惯和技术特点，判断其中枢脚和可能的突破方向，不要受其假动作的欺骗，要采取相应的对策。关键在防好对手突破的第一步，要抢前后撤在对手的侧前方，要快而凶狠。当对手跨出第二步时，要迅速用力蹬地，利用滑步紧贴对手，使其不易加速度，阻止其起跳并伺机断球。

防守持球队员

如果防守的是背对进攻突破的队员，一般是在近篮区背向或侧向球篮接球时进行防守，防守队员要保持"球—我—篮"的有利防守位置，不宜紧靠对手，要有适当的距离。对手接球后如是两脚前后站立，后脚可以做中枢脚转身突破，必须对其转身一侧多加防范，与对手同侧的脚向后撤半步，手臂侧伸，另一手臂封锁住对手一侧。当他转身变向突破时，防守队员随之后撤、前逼、侧跨步阻截。如果对手接球时两脚平行站立，要根据对手接球位置离篮的远近进行防守，近以防投篮为主，远以防突破为重点，要注意对手的假动作和向两侧转身的突破。

防投篮是防守有球队员的最重要任务。其根本目的就是不让对方得分。因此，防守队员在对手接球后首要的任务是要做到人到。一般采取斜步防守贴近对手（一臂距离，能伸手打到球），并举臂挥动，干扰进攻队员投篮的意图，迫使其改变动作，同时又要用另一臂伸向侧方，防对手运突或传球。要准确判断对手是否真正要投篮，识别其真假动作，及时起跳伸直手臂进行干扰，封堵其出手角度，改变投篮的飞行弧线，降低其投篮命中率。在进攻队员起跳前，不应抬高自己的身体重心轻跳离地。防投篮的关键在于对手投篮球出手瞬间手臂及时地干扰和封盖，反应要快。手臂的伸展与角度，能起到破坏对手投篮飞行预定路线的作用。

防守持球队员的步法有平步和斜步两种。不管采用何种步法，都要以灵活的脚步动作作为基础，抢占有利的防守位置，争取防守的主动权。

（1）平步步法

两脚平行开，与投篮队员正面面对。这种步法的优点是：防守面积大，便于左右移动，防对方突破较有利。

（2）斜步步法

两脚前后开立，与投篮队员正面面对。这种步法便于前后移动，对防投篮较为有利。

当进攻队员持球于胸前，防守者要伸出双手，并积极地用一只手干扰球，阻止球随意行动。对手瞄篮时，要积极扬手封盖。随时进行封传球，并伺机打球、抢球。

## 防守无球队员

防守无球队员主要任务是尽可能不让对手在有效攻击区内接球，或使对手勉强接球后处于被动状态。防守队员要及时判断对手的位置及其与球和篮的位置关系，合理运用防守动作，阻止对手进入有利攻击区，打乱其进攻，并尽可能抢断对手传越自己防区的球，以争得控制球。

防守无球队员时要根据对手、球篮和球的位置与距离选择防守位置。一般情况，防守队员为了做到人球兼顾，应与球和对手保持一定的角度和距离。站在对手与球篮之间偏向球一侧的位置上。一般离球近则近，离球远则远些。总之，防守队员选择防守位置、距离和角度，要以能控制对手的行动和随时能协助同伴防守，体现"球、人、区兼顾"

的防守原则。

防接球是防守无球队员的首要任务，第一，要求预测性强并积极采取行动去限制或减少对手接触球，特别是在有效攻击区内的接球：第二，一旦处于被动情况，也要积极跟防，追堵，破坏对手顺利地接球。要做到以上两点，在比赛中必须始终保持对手和球在自己的视线范围之内，要做到"人球兼顾"，保持良好的防守姿势，屈膝降低重心，随时能够向任何方向起动，要特别注意起动与移动步法的衔接和平衡的控制，在动态中始终保持在对手与球之间偏向对手一侧的断球路线上，同时伸出同侧手臂形成"球—我—他"的钝角三角形的防守选位。

防摆脱也是防守无球队员的一项重要任务。防摆脱一般指进攻队员在半场范围内，通过摆脱进入具有进攻威胁的区域，准备接同伴的传球时，防守队员正确组合运用几种移动步法，有效地阻止、延误和破坏其顺利的接球。这种方法同样适用于全场范围内的防摆脱接球。

当球在圈顶一带时，防守前锋队员向下摆脱后，向上线移动要位接球。当球在右（左）侧 45 度时，防守后卫队员向另一侧摆脱要位接球。，当球在一侧 45 度时，防守中锋在罚球线附近向另一侧摆脱后向篮下移动接球。球在圈顶时，防守中锋向下摆脱后上提罚球线一带接球。

**防守无球队员**

正确的防守姿势能保证扩大控制面积和及时向不同方向移动。选择防守姿势与对手和球距离远近有关。防守距离球较近的对手时，经常采用面向对手侧向球的斜前站立姿势。靠近球侧的脚在前，屈膝，重心在两脚之间，便于随时起动，堵截对手摆脱移动的接球路线。伸右侧手臂，拇指朝下，掌心向球，封锁传球路线，干扰对手接球。防守距离球较远的对手时，为了便于人球兼顾和协防，经常采用面向球、侧向对手的站立姿势，两脚开立，两腿稍屈，两臂伸于体侧，掌心向着球的方向。密切观察球、人的动向，并随着球或人的移动而不时调整自己的防守位置。

防守时，防守队员要根据球和人的移动，合理地运用上步、撤步、滑步、快跑等脚步动作，抢占有利防守位置，堵截其摆脱移动路线。在与对手发生对抗时，重心下降，双脚用力扒地，两腿弯曲，扩大站位面积，上体保持适宜紧张度，在发生身体接触瞬间提前发力，主动对抗。合理配合手臂动作干扰对手视线，扩大防守空间，保持身体平衡。有效的防守必须靠灵活的脚步动作。

总之，要不同位置、不同姿势、不同动作有机结合运用，构成完整的防守，这样才能使防守有实效。还有，应根据对手的身高、速度、进攻特点和自己的防守能力，以控制对手为主，做到既能防其向篮下切人，又能抢、打、断球。

## PART 9　篮球战术

　　篮球战术是篮球比赛中一队的队员运用攻守方法的总称，是队员之间团结协作相互配合的一种体现。其目的是为了更好地发挥本队队员的技术与特长，制约对方，争取主动，打赢比赛。战术具有针对性，要根据实际情况作变动。

# 战术基础配合

　　篮球战术基础配合是指在篮球比赛中两三人之间有目的、有组织、协调行动的配合方法。它是现代篮球战术的重要组成部分，是全队战术配合的基础。

　　篮球战术基础配合包括进攻战术基础配合和防守战术基础配合两个部分。

### 进攻战术基础配合

　　进攻战术基础配合是指在篮球比赛中，进攻队员两三人之间组成的简单配合。进攻战术基础配合包括传切配合、掩护配合、策应配合和突分配合。

　　（1）传切配合

　　传切配合是指进攻队员之间利用传球和切入技术组成的简单配合。它包括一传一切和空切配合。

　　一传一切配合：③传球给④后，立刻摆脱对手向篮下切入，接同伴④的回传球投篮。

空切配合：③传球给④时，⑤乘其对手不备，突然横切或从底线切向篮下接④的传球投篮。

（2）掩护配合

掩护配合是掩护队员采用合理的行动，用自己身体挡住同伴的防守队员的移动路线，使同伴借以摆脱防守的一种配合方法。

掩护配合有多种形式和方法，根据掩护者和被掩护者身体位置的不同，有前掩护、侧掩护和后掩护三种形式。从组成掩护配合的行动来看，一是掩护者主动去给同伴做掩护，用身体挡住同伴的防守者的移动路线，使同伴借以摆脱防守；二是摆脱者主动利用同伴的身体和位置把对手挡住，使自己摆脱防守。因此，掩护配合能否成功，关键是在一瞬间创造出的位置差和时间差，争取空间与地面的优势而达到攻击的目的。

（3）策应配合

策应配合是指处于内线的队员背对或侧对球篮接球，以他为枢纽，与外线队员的空切相配合而形成的一种里应外合的方法。

通常策应配合可以根据策应的区域和位置分为内策应、外策应、高策应、底线策应等，其策应配合方法都基本相似。

（4）突分配合

突分配合是指持球队员突破对手后，主动或应变地利用传球与同伴进行攻击的一种配合方法。

## 防守战术基础配合

防守战术基础配合是在篮球比赛中，队员两三人之间为了破坏对方进攻配合所组成的简单配合。防守战术基础配合包括抢过、穿过、绕过、关门、夹击、补防和交换防守配合等。其中抢过、穿过、绕过和交换是破坏掩护配合积极有效的方法。

（1）抢过配合

抢过配合是破坏掩护配合的积极有效的方法之一。防守者在掩护队员临近自己时，要积极向前跨出一步，贴近自己的防守对手，从掩护者前面挤过或抢过去，继续防住自己的对手。

（2）穿过配合

穿过配合是破坏掩护配合、及时防住自己对手的一种配合。当进攻队员进行掩护时，掩护队员的防守者要及时提醒同伴并主动后撤一步，让同伴及时从自己和掩护队员之间穿过，以便继续防住各自的对手。

（3）绕过配合

绕过配合是破坏对方掩护配合及时防守自己对手的一种配合。当进攻队员进行掩护时，掩护队员的防守者主动贴近对手，让同伴从自己的身旁绕过，继续防住各自的对手。

（4）交换防守配合

交换防守配合是为了破坏进攻队员的掩护配合，防守队员之间及时地呼应交换自己所防守对手的一种配合方法。

（5）"关门"配合

"关门"配合是指两名防守队员靠拢协同防守突破的配合方法。

（6）夹击配合

夹击配合是指两名防守队员有目的地同时采取突然的行动，封堵和围夹持球者的一种配合方法。

夹击配合是一种攻击性和破坏性极强的防守配合，它能有效地控制持球队员的活动，给对手心理上造成巨大的压力，制造对方失误形成本方抢断球的机会。

（7）补防配合

补防配合是指防守队员在同伴漏防时，立即放弃自己的对手，去补防那个威胁最大的进攻者，而漏人的防守队员及时换防的一种协同防守配合方法。

# 快攻战术

快攻是由防守转入进攻时，全队以最快的速度、最短的时间，将球推进至前场，争取造成人数上和位置上的优势，以多打少，果断而合理地进行快速攻击的一种进攻战术。

快攻是现代进攻战术中最锐利的武器，最重要的反击得分手段。由于篮球技术的发展，促进了快攻战术的发展，快攻的速度越来越快，快攻的成功率越来越高，其关键是争取时间、创造时机、速战速决。

快攻是篮球进攻战术的重要组成部分，通常全队参加。每名队员都熟练地掌握快速的进攻技术，参加的人数多，接应点多，一传距离远，快下的速度快，一对一的能力强。快攻结束时，常采用跳投及组织中远距离投篮和"一传一扣"的空中接球直接扣篮。快攻受阻时，审时度势，不失时机地掌握和运用好攻击节奏，将快攻与衔接进攻和阵地进攻有机地结合起来，充分体现进攻的攻击性和连续性。

快攻战术通常在下列情况下运用：抢后场篮板球快攻，掷界外球快攻，抢断球快攻，中、后场跳球快攻。

快攻的配合方法有长传快攻、短传快攻和运球突破快攻。

### 长传快攻

长传快攻也称为长传偷袭快攻，是指队员在后场获球后，用一次或两次传球，将球传给快速向对方篮下跑动的同伴投篮的一种配合。其特点是突然性强、速度快、时间短、成功率高。长传快攻一般是由快攻的发动和结束两个阶段所组成。

发动快攻要抓住时机，主要是通过在防守中的获球队员和后场掷界外球队员的快速传球或运球突破来发动，一般先争取长传快攻，再与接应队员配合共同发动快攻。

### 短传快攻

短传快攻是指队员在后场获球后，利用快速的短距离传球推进到前场进行攻击的一种配合方法。其特点是灵活多变，层次清楚，容易成功。短传快攻由发动与接应、推进和结束三个阶段所组成。

### 运球突破快攻

防守队员获得球后，在不能快速传球时，采用运球突破（改变方向和位置），这种快攻特点是发动和接应融为一体，常常难以堵截，能发挥个人攻击的积极性和主动性，但推进速度较慢。

在开展运球突破快攻时，快攻的发动和接应意识一定要强，积极主动，获球后要先远后近，传好一传；在快攻中要以传球推进为主结合运球突破、加快进攻速度；结束部分要敢打，以个人攻击为主吸引防守。

快攻战术成功的关键是，从抢到篮板球后，队形分散要快，一传和接应要快，推进速度要快，最后快攻结束投篮要稳和准。接应点是尽量靠前，接球位置要在罚球线延长线向前两侧空位的区域。球在中路推进时要与两侧队员形成反三角形，两侧在前，中路在后，所以两路侧队员要向前场快速移动跑位，中路队员要掌握好快攻配合的节奏。快攻结束时，要利用多种投篮机会，在对方收缩篮下时可采用中远距离投篮。

# 防守快攻战术

防守快攻是指由攻转守的瞬间及时组织防守阵形，主动阻止和破坏对方快攻的防守战术。防守快攻要从全力拼抢前场篮板球开始，在失去球权后，首先封堵第一传，堵截接应队员，边退边干扰，力求延缓对方的进攻速度，打乱进攻的节奏，推迟进攻攻击时间，借机及时组织全队防守。

防守快攻作为阻止和破坏对方组织快攻的战术，在进行时，全队要保持攻守平衡，进攻投篮后既要有人积极拼抢篮板球，又要有人迅速退守。积极封堵和破坏一传接应，抢占对方的习惯接应点，并堵截接应队员，堵截、干扰、延误对方的推进速度。要具有积极拼抢的意识，当对方形成快攻时，应快速退守，及时迅速地以少防多的情况下，大胆出击，赢得时间和力量上的平衡。此外，还要随机变换防守战术，在失去球后，立即采取前场紧逼防守，退回后场，采用半场人盯人防守，使对方不适应，破坏其快攻。

防守快攻一般采用以下几种防守策略。

（1）当本方进攻投中篮后，就近队员立即去干扰对方端线发球队员，另一人紧逼对方接应队员，其他队员根据战术需要快速分散退守，以延缓对方快攻发动的可能性和推进速度。

（2）本方进攻投篮不中被对方抢到篮板球时，就近的防守队员立即封抢持球人，封其传、运球，并伺机抢断球。同时其他队员在快速分散防守中，有目的地紧逼对方接应队员，并控制可能的接应点和接应移动路线。

本方在阵地进攻中传、运失误被对方抢断时，就近和临近的队员立即采用快速防守封堵持球队员，其他队员立即用最快速度抢占防守有利位置，以利补防和观察其他进攻队员的行动。

防守快攻要采取积极防御行动来阻止对方快攻的发动或进行，争取时间，为组织阵地防守战术创造条件。

防守快攻首先要在进攻时尽量减少失误与违例，不给对方偷袭快攻的机会，同时要掌握好投篮时机，部署队员拼抢篮板球的退守，注意攻守平衡。

进攻投篮后，立即拼抢篮板球，或对抢到篮板球或掷界外球的对方队员和接应队员，积极进行堵截、夹击与控制，破坏和干扰其传球或突破，力争制止对方发动快攻，这是防守快攻的关键。与此同时，其余队员要行动迅速，快速退守，前后照顾，防好快下的队员，有组织地展开防守。

当对方展开快攻后，前线防守队员在后撤与追防的同时，要与对手保持一定距离，要抢最捷径的路线和有利的位置，边防边后撤，控制对手快速推进，阻挠其传球与运球，达到减慢推进速度的防守目的，赢得时间。后线防守队员要边退边控制后场，要对快下的队员严加防范，切断对方长传路线，并要相互合作，争取占据罚球区。

当对方推进至前场后，这是防守快攻的决战时刻，要积极展开争夺，在人数上处于劣势的情况下，防守队员要冷静判断，大胆出击，打掉对方控制的球，或做假动作进行干扰，造成对方错觉，延缓其投篮速度或造成其失误，赢得时间上和力量上的均衡。如果对方投篮，要积极跳起封盖，影响其命中率和拼抢篮板球。

防快攻的结束，经常出现以少防多的局面，虽然处于不利情况，只要防守队员能积极、顽强并合理地运用防守技术，也会获得成功。

# 人盯人防守战术

人盯人防守战术是每个防守队员负责盯住一个进攻队员，并与同伴相互协作的一种全队防守战术。它以防球为中心，以争夺控球权和阻止对方投篮为目的。当由攻转守时，防守队员在退防中迅速寻找自己所盯的对手进行防守。

人盯人防守是当前运用最为普遍的一种战术方法。美国职业篮联规定，职业队的比赛，只能采用人盯人防守战术。我国篮球协会对青少年的比赛同样也采用了这一规定。

人盯人防守战术，从防守范围来讲，可分为半场人盯人和全场紧逼人盯人。

## 半场人盯人防守

人盯人防守中运用得最多的是半场人盯人防守，是在由攻转守时，全队迅速退回到后场，盯住自己的对手，进行集体防守的防守战术。

半场人盯人防守战术作为人盯人防守运用最多的战术之一，在由攻转守时，每个队员都要迅速退回后场，找到对手，组成集体防守。根据对手、球、球篮，选择有利位置，有球时紧盯，无球放松盯，球近时紧盯着，球远时放松盯着，近篮板时紧盯着，离篮板远时放松看着。防守队员要做到球、人、区兼顾，与同伴协防，破坏对方进攻配合，加强防守的集体性。

半场人盯人防守战术，就其伸缩性而言，又可分为缩小人盯人防守战术和扩大人盯人防守战术。它们在防守控制范围上有差异，在防守重点上也不同。

缩小人盯人防守控制的防区比较小，一般距篮 6 米左右，防守队员主要是占据和控制3分线以内的防区，重点是防守对方的篮下进攻，因此，防守中锋的队员要紧紧盯住对方的中锋，外围队员要协助防守中锋，防距球远的队员时，要离他远一些，这样就可以夹击对方的中锋，或协助外围同伴防住对方的突破。防持球队员是防住他突破和向篮下的传球。

扩大人盯人防守控制区域比较大，一般是距篮8到9米，因此，这种防守用来对付中、远投较准但突破和控制球能力较差的队是比较有效的。防守的重点任务是阻挠和破坏对方外围的传、运配合，封锁外围的投篮，要紧紧盯住有球的队员和距球近的队员，对距球较远的队员则可以稍放远一些，以利于协同防守。

### 进攻半场人盯人防守

进攻半场人盯人防守战术是由各种传切、突分、掩护、策应等基础配合组成的全队战术，这个战术主要是用个人技术和传切、策应、掩护、突分等进攻配合创造机会投篮。每个队都要以一种或两种基础配合组成全队战术来组织本队的进攻力量，熟练地掌握与运用它，不断加以改进，提高战术配合的质量与变化，逐渐形成自己的一套打法，以对付各种不同类型的半场人盯人防守，争取比赛的主动。

进攻半场人盯人防守，要根据本队队员的身体条件、技术水平，选择进攻战术配合和适宜的战术队形，以便扬长避短，发挥本队的优势。在由防守转入进攻时，在前场要迅速落位，形成战术队形，立即发动进攻。在组织战术中，应该注意各种进攻基础配合之间的衔接和变化，既要明确每个进攻机会，又要明确全队的进攻重点，还要保持进攻的战术连续性。组织进攻战术时，应该尽量做到内外结合、左右结合，要扩大进攻面，增多进攻点，增强战术的灵活性。在进攻配合中，既要积极地穿插移动，又要注意保持攻守平衡。在进攻结束时，既要有组织地抢前场篮板球，又要有组织地进行退守。

进攻半场人盯人防守战术，主要是用个人技术和传切、策应、掩护、突分等进攻配合创造机会投篮。

进攻半场人盯人防守时，必须有一定的落位队形，选用队形主要根据本队条件，特别是中锋的特点、站位和本队战术打法来确定。

## 全场紧逼人盯人防守

全场紧逼人盯人防守是由攻转守时，防守队员在全场范围内各自紧逼自己对手的一种攻击性较强的防守战术，它要求防守队员在全场始终紧逼自己对手，积极阻挠对手，破坏对方集体配合，造成对方打法紊乱，处于被动地位，为本队争得比赛时的主动。

全场紧逼人盯人防守战术可以充分发挥篮球运动员的速度和灵活性，同时对培养运动员的积极主动、勇猛顽强作风，以及提高运动员的身体素质水平和促进技术的全面发展都有着重要作用。因此，积极发展这种防守战术是非常必要的。

全场紧逼人盯人防守战术作为一种攻击性较强的防守战术，要主动提高比赛的强度，加快转化速度，控制比赛的节奏，破坏对方习惯的进攻战术。其次要充分运用攻击性防守技术，积极打球、抢球、断球，并充分利用5秒、10秒、球回后场等规则，造成对方失误、违例、夺取控球权。对持球队员要积极封阻其传球路线，对运球队员要堵卡其运球突破路线，迫使他朝边线运球和停球，当对方停球后，要大胆上步严密封锁其传接球路线，并适当进行夹击。另外，在攻守转化时，防守队员要制造声势，给对方造成一种精神上的压力。全队思想统一，行动一致，迅速找人，就地紧逼对手。

由于全场紧逼人盯人防守是在全场范围内与对手展开争夺，防守队员在不同防区的紧逼过程中，任务也有所不同。通常把球场划分为前场、中场和后场三个区域组织防守。

前场防守是全场紧逼人盯人防守的重要区域，前场防守队员要反应快、速度快、灵活性好。紧逼防守时，要以最快的速度找到自己应防守的对手，抢占有利位置，以积极地移动和手臂干扰对手移动，进行传接球和运球，拖延对方推进速度，在心理上给对手施加压力，迫使对手紧张慌乱，出现失误和违例，激发本队的战斗士气。

在中场紧逼防守中，当持球队员进入中场时，防守队员应积极组织防守控制对方进攻速度，迫使持球队员向边线运球、传球或在中线边角处停球，以便夹击和抢断，并使其在慌乱中失误或违例。可以说，中场防守是全场紧逼人盯人防守成功的关键阶段。

在后场紧逼防守中，一般来说，应继续坚持扩大防守，对持球队员积极封堵，尤其在底线场角，如果持球队员停止运球，防守队员应组织夹击，破坏对方的进攻促进其出现失误，继续给对方心理上施加压力。其他队员要大胆错位和补位防守，防止进攻队员空切到篮下运球，并伺机抢断球，组织反攻。

### 进攻全场紧逼人盯人防守

全场紧逼人盯人防守战术是由攻转守时，防守队员在全场范围内各自紧逼自己对手的一种攻击性较强的防守战术，它要求防守队员在全场始终紧逼自己的对手，积极阻挠对手，破坏对方集体配合造成对方打法紊乱，为本队争得比赛的主动。

当对方采用全场紧逼人盯人防守时，全队要沉着冷静，思想一致，行动协调，伺机进攻，行动要突然，争取快速反击。队员在场上的位置分布，要保持一定距离或分散队形，拉大对方防区，以便各个击破。另外，在进攻全场紧逼人盯人防守时，要多运用快传、短传，少运球，不要在边角处停球，多运用传切、策应配合，尽快地将球传到前场，或让本队控制支配球好的队员多运用突破，打乱对方防守的部署。还有，在进入前场后，应根据本队特点组织战术配合，注意节奏，按进攻半场扩大人盯人展开继续进攻。

# 区域联防与紧逼攻防战术

### 区域联防

区域联防是由进攻转入防守时，防守队员迅速退回到后场，每个防守队员分工负责防守一定的区域，严密防守进入该区域的球和进攻队员，并与同伴协同配合，用一定的队形把每个防守区域有机地联系起来，形成全队的整体防守。

区域联防要求防守队员随着球的转移和进攻队员的穿插移动，不断地选择有利的防守位置，加强对有球区域的防守，兼顾无球区域的防守，并在防守区域的同时，兼顾防守对方队员的活动。

在区域联防时，要以防球为重点，随球的转移而经常调整位置，做到人球兼顾，不让持球队员突破和传球给内线防区。对进入罚球区附近或穿过罚球区的进攻队员，必须严加防守，切断其接球路线，不让轻易接球、传球或投球，加强篮下区域防守。

在区域联防时，每个防守队员，要彼此呼应，随时准备协防、换位、越区、"护送"等，相互帮助，加强防守的集体性。处于远离球的后线防守队员，要起指挥防守的作用。

### 进攻区域联防

任何一种联防，最有效的办法就是利用快攻，趁对方尚未返回防守阵地时，以快攻得分。但是任何一个队，都不会总是让对手打成快攻的，因此，就必须学会进攻各种联防。

在进攻联防时，要针对这种防守战术主要是每人防守一定区域的特点，集中优势兵力，在局部地区形成人数上的多数，并进行穿插、迂回、声东击西、调动和打乱对方的联防阵形，创造投篮的机会。

在由防守转入进攻时，应首先争取快攻，乘对方立足未稳尚未组织好防守之前进行攻击。第二要根据对方区域联防队形，采用针对性落位队形，组织对薄弱地区的攻击。第三，运用传球转移，中远距离投篮等进攻技术。通过"人运"、"球动"打乱对方防守队形。运用声东击西、内外结合、以多打少等方法，创造投篮机会进行攻击。第四，要组织拼抢篮板球，争夺二次进攻机会，同时还要保持攻守平衡，准备及时退防。

### 区域紧逼

区域紧逼是按区域紧逼盯人，不断组织封堵夹击并以争夺球为目的的积极防守战术。区域紧逼战术既兼有区域联防和人盯人防守两种战术的优点，又具有综合性、机动性和攻击性的特点。这种防守战术往往使进攻队难以辨认其形式与方法，并在防守的阻截和夹击中产生失误或违例而陷于被动。

区域紧逼作为一种积极主动的攻击性防守战术，在由攻转守时，防守队员要迅速按分工的防区落位，并就近进行盯人防守。防守时，要以防球为主，兼顾盯人，向球移动，控制中区，逼走边角，体现近球区以多防少，远球区以少防多的原则。防守处于前线的队员，对有球队员要积极紧逼，堵中放边，迫使对方把球传向或运向边线。对运球队员要追防堵截，迫使其在边角停球，附近同伴要迎上形成夹击。在前场防守时，如果球传向后场并越过自己防区，应立即以最快速度、最短路线向后场回防，准备堵防或抢断球。后线防守队员，要根据前线的防持球队员的行动，对本区的进攻队员进行错位防守，并随时注意堵截、夹击或抢断。

根据比赛需要及本队的条件，区域紧逼可分全场区域紧逼、四分之三场区域紧逼和半场区域紧逼3种方法。

全场区域紧逼是在投中或前场失球后，立即在全场进行的一种区域紧逼防守战术。它主要争夺的地区为前区和中区。

四分之三场区域紧逼是把球场分为四个区。它与全场区域紧逼的不同之处在于，充分利用规则，队员分布相对密集，有利于协防和争夺，容易造成对方违例和失误。四分之三场区域紧逼一般是在失球后和对方在后场边线外发球时运用。

半场区域紧逼是在后场范围内组织的区域紧逼防守战术。它主要分为对有球侧紧，无球侧松，造成局部以多防少。

区域紧逼用来对付比赛经验不足、应变能力差、没有突出的组织队员的队最易见效。在比赛过程中最好选择本方投中篮后对方掷后场端线界外球和对方在后场掷边线界外球时部署防守。运用区域紧逼，全队要行动一致，要用强大的声势压倒对方，造成对方慌乱而陷于被动。

### 进攻区域紧逼

进攻区域紧逼是根据区域紧逼的特点，抓住防守的薄弱环节，有针对性地进行攻击的方法。

进攻区域紧逼作为一种有针对性的攻击方法，在进行时，首先要沉着冷静，不要被对方的紧逼声势所压倒，造成慌乱和失误。在由守转攻时要争取在对方队员未到区落位展开堵截之前，迅速发动反击快攻。进攻时要针对区域紧逼防守的规律，按"以快制逼，中路突破"的原则，采取相应的回传跟进、转移攻向、运球反跑、中区策应、组织空切等方法进攻。进攻中要多传短快球，少传长球和高吊球，少运球，特别是向边角运球，更忌在边角停球，防止对方的堵截。

进攻区域紧逼要求提高进攻战术意识，积极跑动，加强实战中的观察能力及个人技术战术应用能力。

# 混合防守攻防战术

## 混合防守

混合防守是把区域联防与人盯人防守有机地结合在一起运用的一种特殊的防守战术。它的针对性强，能以己之长攻彼之短，从而增加对方进攻的困难，使自己处于有利位置，争取比赛的主动。

混合防守作为一种特殊的防守战术，在开展时，负责人盯人防守的队员，要紧盯对手，尽量不换人。按区域联防站位的队员，要积极移动，协同防守，并帮助盯人的同伴防守。另外，还要处理好局部与全局的关系，防守中动与静的关系。要针对对方进攻的特点加以制约，强调策略性，形成防守的整体性。

## 进攻混合防守

当对方采用的混合防守形式，人盯人防守队员人数多时，可采用以进攻人盯人防守为主的进攻配合；若对方采用的混合防守形式，区域联防人数多时，部分队员除采用进攻区域联防为主的进攻配合外，还要有目的地为被盯住的队员做各种掩护，从而使其摆脱防守，获得良好的进攻机会；在进攻人盯人和区域联防的配合中，要充分发挥局部配合的能力。

在开展进攻混合防守时，被紧逼的队员最好在侧面或篮下落位以牵制对方，如果在外围中间落位，则不利于球的转移，且会影响进攻中左右两侧的联系。另外，被盯住的队员，要有目的地利用同伴的掩护或给同伴作掩护创造有利的进攻机会。

进攻混合防守第一应积极争取快攻。即获球后，趁对方尚未退回半场防守和完成防守阵形部署时，迅速进行攻击。第二要针对不同的混合防守形式，采用相应的进攻阵形和配合方法。第三是要有目的地为本队被盯住的队员做掩护，使其摆脱防守，发挥进攻威力，破坏和瓦解对方的防守。

# PART 10 基本术语

　　篮球术语是篮球比赛和篮球评论时所使用的专业用语，是对所运用的技术和战术等的高度概括。特征是简单明了，概括性强。经过一百多年的发展，篮球运动不再仅仅是一个运动项目，已经成为一种运动文化。这项运动文化有着丰富的内涵，它的规则、技术、战术等包含着着一定的科学性。这些项目术语一定程度上体现了这些变化和科学性。

## 扣　篮

　　扣篮是指运动员用单手或双手持球，跳起在空中自上而下直接将球扣进篮圈。扣篮具有护球好、持球点高和不易被封盖等优点。弹跳力强是扣篮的一个重要前提，没有一个好的弹跳力，扣篮就缺乏力度。

扣篮

## 补　篮

　　所谓补篮，是指为攻方队员投篮出手后，球被对方队员挡出（封断、盖帽打掉后），或不中时碰板、圈弹出或弹落时，投篮队员本人或者同队队员获球后的再次投篮，也叫二次攻篮。

在技术统计上，补篮算一次篮板。

# 卡 位

卡位是指进攻人运用脚步动作把防守者挡在自己身后的步法。篮板时，当防守方在篮下阻挡进攻方抢篮板球时，双臂张开，腿半蹲，沉腰，全力将进攻方挡在自己背后，使进攻方在抢篮板时起跳困难，且容易造成进攻篮板犯规。低位进攻时，同抢板时动作要领相同，目的都是将对方卡在自己身后。但进攻时所卡位的方向与抢篮板时完全相反，背对篮筐。

卡位一般是中锋或者大前锋所掌握的技术。在一个拥有强力内线时会经常用到的技术。配合战术是其他队员将防守方拉到远处，防止截球。

# 防 守

防守人站在进攻队员和篮框之间。防守靠的不是手，而是脚步，脚步是能否成为一个优秀防守者的关键。对付速度快、擅长突破的选手，通常，要压低身形，眼睛要紧盯对方手中持球，等对方进入你的防守区域再防。

# 要　位

　　要位是指进攻人用身体把防守人挡在身后，占据有利的接球位置。

　　要位时，身体要完全站住，把防守队员靠在自己的身后，双腿微微弯曲，如果对方比你高，就压低重心，如果你比他高，就直立上身，单手举起表示要球，另一手做好准备保护好传来的球。

# 突　破

　　突破是指运球超越防守人。突破的前提之一是运球要熟练，如果运球不熟练，很难做到有效突破。另外，如果想要突破成功，假动作也是非常重要的，如果假动作做得很像，那么多半你的对手会随着你的假动作而动，这样你就有机会突破成功了。

# 盖　帽

　　盖帽是指进攻人投篮出手时，防守人设法在空中将球打掉的动作。因双手犹如一顶帽子狠狠压在球上，故名。进攻方投篮或者上篮，防守方在对方投出球未达到最高点并开始下落前，将球用手拍出，或者干扰，也就是说，在球出手前或出手后，只要球还没有开始到达最高点并下落，防守的人用手碰到球，即算盖帽一次。

# 领接球

领接球是指顺传球飞行方向移动，顺势接球。领接球的要领是：两眼注视来球，手指自然分开，两拇指相对八字形，两手成半圆形（球形）。来球前，主动伸臂迎球，肩臂腕指放松。接球时，指端先触球，同时两臂随球后引缓冲来球力量，并做好衔接下一动作的准备姿势。

# 错位防守

错位防守是指防守人站位在自己所防守的进攻人身侧，阻挠他接球。错位防守很容易让对方得分，因此，错位防守是防守中最容易被打破的一种防守。错位防守中，防守之人一定要有前瞻性意识，先对方而动，这样才能显现出防守的效果。

# 紧逼防守

紧逼防守是指贴近进攻人，不断运用攻击性防守动作，威胁对方持球的安全或不让对方接球。

紧逼防守是一种主动性的防守，一般结合着盯人防守。紧逼防守在比赛中不是经常被采用，因为它要耗费防守一方相当大的体力。在对方进攻顺畅而己方进攻不利的时候可以突然使用紧逼防守来打乱对方的节奏，造成对方的主动失误，或者在比赛的要紧关头也可采用这种方法。当然进攻方可以通过快速突破和快速分球、快速跑位来破解。

# 补 位

当一个防守人失掉正确防守位置时，另一防守人及时补占其正确防守位置。在补位后，要迅速调整部署，以防对方趁机突破或者投篮。对另一方而言，要及时抓住对手防守失当的良好时机，投篮得分。

# 落 位

落位是指在攻防转换时，攻守双方的布阵。对双方而言，防守完成后，要迅速回场，按照既定的战术落位，马上组织进攻，打对手一个措手不及。

# 策 应

进攻队在前场或全场通过中间队员组织的接应和转移球的战术配合，造成空切、绕切以及掩护等进攻机会。高位策应是一名优秀中锋必备的技能。一般情况下，高位策应需要很好的传球意识。一个人在高位拿球，要时刻观察其他 4 名队友的跑位，为队友传出好球。

# 接　应

接应是指无球进攻队员，主动抢位接球。无论是在比赛时，还是在训练时，都要注意场上球的去向，找准机会接应来球。如果你是得分后卫的话，尽量走到罚球线的位置，然后尽量让队友看到你，然后在没人防守你的时候接应再射球。

# 掩　护

掩护是指进攻队员以合理的技术动作，用身体挡住同伴的对手的去路，给同伴创造摆脱防守的机会的一种进攻配合。

掩护时，掩护队员跑到同伴的防守者前、后或侧面，保持适当距离，两脚开立，膝微屈，两臂屈肘于胸前，上体稍前倾，扩大掩护面积。当同伴利用掩护摆脱防守时，掩护队员要及时转身跟进，准备抢篮板球或接回传球。

# 突　分

突分是指持球进攻队员突破后传球配合。

突分配合是篮球基本战术之一。突破队员往哪里突破，无球队员就要往哪个方向接应，这就要形成默契。突分配合战术隐蔽性强，攻击性大，对打乱对方的防守部署很有效。其核心是要求持球突破人要掌握很好的突破技术，另外，接应队友一定要会见机行事，这样才能突分配合好。

# 空　切

空切是指进攻人空手向篮跑动。

空切的目的是摆脱防守队员，到空位或篮下得球投篮或进行攻击配合。无球队员从空位跑动切入，此时只要球到、人到，就很可能有直接轻松得分的机会。

# 传　切

传切是指持球进攻队员利用传球后立即空切，准备接球进攻。

传切配合是篮球进攻战术基础配合的一种，此配合由传球和切入两个较为简单、基本的技术组合而成，所以它具有简单易学，但实用性及攻击性很强的特点。切入和传球是组成传切配合的基础，所以在训练中，应着重注意对这两方面的要求。

# 协　防

协防就是协助同伴防守。协防通常有两种方式，一种是当一对一防守被对方突破时，队友过来协助防守。还有一种就是，当一对一无法防住对手时，这时对手并没有突破只是持球或运球，但若对手是实力很强的，队友过来帮助防守，也叫做协防，这种情况队友的协防与你的防守对对手来说也叫做双人夹击。

# 补 防

当一个防守队员失去位置，进攻队员持球突破有直接得分的可能时，邻近的另一防守队员立即放弃自己的对手，去防持球突破的进攻者。

# 关 门

邻近的两名防守持球者的队员，向进攻者突破的方向迅速合拢，形成"屏障"，堵住持球进攻者的突破路线。

关门的好处之一是容易造成对方犯规。

# 挤 过

挤过是指在篮球比赛中，两名进攻队员进行掩护配合时，防止被掩护者的队员向其背后靠近，在进攻者即将完成掩护配合的一刹那，抢占位置，从两名进攻队员之间侧身挤过，破坏他们的掩护，并继续防住自己的对手。

挤过是破坏掩护配合的方法之一。

# 穿　过

穿过是指当一名进攻队员进行掩护时，防守掩护者的队员稍离对手，让同伴从自己的掩护队员之间穿过去，继续防住对手。在篮球战术中，穿过配合战术是破坏掩护配合战术积极有效的方法之一。

穿过配合战术的要点是防守掩护的队员要及时提醒同伴并主动让路，穿过队员要迅速穿过，并立即调整防守位置的距离。穿过配合战术易犯的错误是防守掩护队员的同伴没有及时提醒并主动让路撤步，还有穿过队员没有及时调整自己的防守位置和距离。

# 时间差

在篮球运动中，时间差是指在投篮时，为躲避对方防守的封盖，利用空中停留改变投篮出手时间。打时间差，要突出一个字，那就是"快"，只有抓住这短短的几秒钟时间突破，才能够取得效果。假动作是创造时间差的一个重要手段。

# PART 11 裁判工作

篮球的裁判工作是进行篮球比赛的重要组成部分，也是使篮球比赛顺利进行的必要保证。裁判工作的好坏，直接影响到运动员技术、战术水平的发挥，对篮球运动的发展具有重要的作用。

## 裁判员的条件

篮球裁判员对于促进篮球技术的发展具有重要的作用，因此，篮球裁判员应该做到以下几点：

（1）严格遵守裁判员守则。裁判员要有高尚的职业道德，作风正派，能自觉地抵制不正之风。工作中能坚持原则，不徇私情，做到"严肃、认真、公正、准确"。

（2）精通规则和裁判法。一个合格的篮球裁判要能把规则的精神实质运用到实际比赛中，要懂得篮球技战术，了解当今世界篮球运动的发展趋势，不断进行观念和知识更新，不断提高裁判水平。

（3）要有较强的组织观念和严格的纪律性。

（4）裁判时要保持谦虚谨慎的态度。能够听取不同的意见，互相学习，互相尊重。服装要整洁，仪表大方。

# 裁判员的工作

## 赛前准备工作

裁判员在比赛前的准备工作，主要包括以下几点：

（1）开好准备会。

（2）比赛开始前 1 小时到达比赛地点。

（3）做好准备活动。

（4）赛前要检查技术设备。

（5）确定球篮和球队席。

（6）主裁判负责挑选比赛用球。

（7）比赛开始前 20 分钟进入比赛场地，监督运动员热身练习。

（8）比赛开始前 6 分钟组织运动员入场和开始比赛。

## 宣布开始比赛

比赛开始前 3 分钟，裁判员发出信号；开始前 1 分钟，鸣哨通知队员停止练习并离开比赛场。当主裁判确认双方做好比赛准备时，与副裁判握手祝愿，持球进入中圈准备跳球。跳球前，主裁判用握手的方式明确场上的双方队长，然后与副裁判用手势联系后进入中圈跳球，开始比赛。

## 裁判员作手势的要求

（1）必须使用正式的手势。

（2）总是用洪亮的尖声的哨，对任何违例或犯规只吹一次并吹得很干脆。

（3）使手势保持明快和简洁。

（4）停表手势是最重要的，必须十分清楚，裁判员必须把伸直的手臂停在空中。犯规时一拳紧握；违例时，伸开掌和手指并拢以停止比赛计时钟。

（5）所有的手势，必须在距记录台大约 6～8 米处做出。队员号码手势，必须在与眼睛同一高处做出，并离开身体。

### 报告犯规手势的程序

（1）队员号码。

（2）犯规种类。

（3）罚篮次数或进攻方向。

（4）任何得分有效或取消的手势，必须在上述手势以前做出。

裁判在做手势

### 宣判违例时的程序

（1）停表手势。

（2）违例手势。

（3）进攻方向。

### 跳球裁判工作

跳球时，主裁判应该核实跳球队员是否已做好了准备，同时须在副裁判及记录台发出已做好准备的手势后，执行跳球开始比赛。副裁判以手势询问记录台是否已做好准备，并核实跳球是否有违例或犯规发生并做出开表手势。

### 球出界和掷界外球裁判工作

当球出界或回场时，追踪裁判应负责其左边的边线和中线，前导裁判应负责另一边线和靠近自己的一条端线。递交球的裁判员是负责掌握掷界外球规定和当时首先触及场上队员时给予时间开始的手势。掷界外球在罚球线延长线与中线之间进行。追踪裁判应越过场地到远处的边线掌管掷界外球，一旦球触及了场上队员，追踪裁判应快速回到其应有的位置。

### 罚球裁判工作

罚球时，追踪裁判管理多次罚球中的第一次，他将球递交给罚球队员后应后退并移至罚球队员后面一步偏左的位置，同时他要注意罚球过程中是否违例或犯规发生。前导裁判管理除第一次罚球外的其他罚球，他应以反弹球的形式递交球给罚球队员，然后向右迈一步，以便更好地观察抢篮板球的动作。

### 暂停与换人裁判工作

当一次暂停机会出现时，由靠近记录台的裁判管理暂停。暂停期间他移向中线观察两个球队和记录台人员。另一裁判将球置于可处理处，站在边线的正确位置上，比赛将从那里开始。替换时，由靠近记录台的裁判认可替换的请求，他重复替换手势并招呼新的队员进场，但不要耽搁比赛。

### 宣布比赛结束工作

半场比赛结束时，主裁判立即鸣哨宣布上半场比赛结束，并检查记时钟和记录表，副裁判将球交给记录台人员。两名裁判员到休息室征询裁判长或技术代表的意见后。简单小结并商定下半场应注意的问题。全部比赛结束时。主裁判立即鸣哨宣布比赛结束，同副裁判握手后一起到记录台检查比赛记录表，核对无误后，副裁判先签字，主裁判签字后，裁判员的权利宣布结束。

# 两人裁判制的工作

两人裁判制根据其临场工作任务，两名裁判员分别为一名主裁判员和一名副裁判员。

主裁判员的职责与权力主要是：

（1）检查和批准比赛中使用的所有器材。

（2）执行跳球开始第一节和管理掷球入界开始所有其他节。

（3）有权判定某队弃权。

（4）在比赛时间结束时或任何他认为有必要的时候，仔细审查记录表。

（5）在比赛时间结束时认可和在记录表上签字，终止裁判员对比赛的管理和联系。

在比赛中，每一个裁判员有权在他的职责范围内作出宣判，但无权不顾或质问另一裁判员作出的宣判。

## 比赛程序与方法

1．比赛前的准备

（1）赛前，裁判员要做好各项准备，包括良好的身体和精神状况。

（2）主副裁判员应在比赛开始前 20 分钟一起到达比赛场地，并开始行使裁判员的权力。

（3）赛前裁判员工作的主要工作有。

①检查和批准比赛场地。检查器材和记录台工作的相关设备包括记录表和比赛资格的证件等。

②由主裁判员挑选和确定比赛用球。

③督促双方教练员向记录台递交队员名单、号码。

④两裁判员要站在记录台前面监督和管理球队的赛前练习。

2．比赛前的工作程序

（1）赛前 10 分钟，裁判员应检查记录员已填好的记录表，督促教练员到记录台前核实队员的姓名、号码，指明开始上场的 5 名队员并在记录表上签字。

（2）赛前 6 分钟时，主裁判员鸣哨，双方停止练球并回到球队席内，由记录台宣告员依次介绍双方球队的队员、教练员和临场裁判员。然后，主裁判员鸣哨并做出手势宣告"离比赛还有3分钟"。

（3）赛前1分钟时，主裁判员鸣哨要求双方队员停止练球，离开比赛场地，回到球队席上，准备入场比赛。

## 裁判员的占位与责任

现代篮球比赛的执裁要求，两裁判员在工作中应互相合作，并力求获得尽可能好的位置，以便达到更好地观察比赛的目的。为了便于相互理解与配合，通常把半场划分成1至6个长方形的区域。根据球在各区域所处的位置，两裁判员进行定位与观察。

追踪裁判——是指位于进攻方向球或队员后面负责观察比赛的裁判员。在比赛中当球在推进时，追踪裁判应位于球的左后方位置，离球3～5米。

前导裁判——是指位于比赛进攻方向球前面负责观察比赛的裁判员。当他到达进攻队前场端线后，前导裁判应在其左侧的3分投篮线和其右侧的限制区边缘之间的位置，并根据球的转移正常地移动。

## 裁判员的分工与合作

裁判员负责的区域分工，是为了明确责任，尽可能地减少漏判或作出相互矛盾的宣判。由于比赛情况的错综复杂，两个裁判员必须在任何时候任何情况下都应保持密切的合作，才能有高质量的宣判。

1. 比赛开始时的分工与合作

（1）当比赛开始时，主裁判员持球步入中圈面对记录台站立，执行跳球。

（2）副裁判员应在临近记录台的边线上的中线处站立面向场内。此时，副裁判员不负责跳球的实际管理，但是他应准备好在球被拍击时即移向比赛的前方，快速向球的同一方向移动，跑在比赛的前面并移动至端线，担任前导裁判。

抛球后，主裁判员应在原地稍停片刻，观测比赛将朝哪个方向发展，直到球和队员们已离开圆圈为止，然后根据进攻队的方向，移动到追踪裁判的位置上。

（3）随后的各节比赛（包括决胜期），开始时均由主裁判员在记录台对面中线延长线外的边线处负责执行掷球入界，副裁判员应迅速地移动到前场端线外，担任前导裁判；球入界后，主裁判员则移动至球的左后方3～5米的位置，担任追踪裁判。

2．出界与掷界外球时的分工与合作

队员出界和球出界都涉及到界线，对界线的责任划分时：一般情况，追踪裁判应负责管理他左侧的边线和中线；前导裁判负责端线和其左侧的边线。

（1）当球出界时，应由负责那条边线或端线的裁判员鸣哨宣判，鸣哨同时做出违例手势，并清楚地指出获得球权队的比赛方向和掷球入界的地点。

（2）掷球入界时，应由负责那条边线或端线的裁判员把球递交或传给掷球入界的队员，或放在他可处理处。当球进场首先触及场上队员时，该裁判员应做出时间开始的规定手势。

（3）凡是在端线和前导裁判管辖的那条边线的罚球线延长线到端线之间范围内，需要掷球入界继续比赛时，都应由前导裁判负责掷界外球时的递交球。除此之外，无论在前场或后场其他任何地方的界线掷界外球，都应由追踪裁判负责递交球。

（4）在掷界外球时，负责执行的裁判员在递交球给掷界外球的队员之前，应先用目光与同伴联系或应用"拇指向上"的手势，查看同伴是否已做好了准备。

3．宣判犯规和罚球时的分工与合作

（1）当一名裁判员宣判犯规后，应由该裁判员向记录台报告。另一裁判员不要急于去捡球，应站在原地或移动到一个能观察到所有队员的位置上，观察场上队员的行动；并协助宣判犯规的裁判员记住犯规队员与被犯规队员的号码，是否需要罚球和投篮的球是否中篮，直到场上处于正常情况时再去拿球。

（2）追踪裁判宣判了犯规向记录台报告后，他应回到原来的位置，两裁判员不需交换位置。只有当球进入了前场，前导裁判宣判了犯规，当他向记录台报告后，两裁判员应交换位置。

（3）当宣判的罚则，需执行罚球时，此时应由位于前导裁判位置的裁判员执行罚球，他应持球进入罚球区，用手势清楚地表明罚球的次数，将球反弹给罚球队员，再站到左侧端线与限制区的交界处的位置。此时追踪裁判应站到罚球线左侧延长线 3 分线外的位置，做出罚球次数的手势。

（4）罚球时，前导裁判递交球后，应站在左侧限制区斜线外靠近端线处。做出罚球次数的手势之后，并开始计算 5 秒。

（5）当宣判后的罚则出现了一罚一掷或两罚一掷时，前导裁判负责执行 1 次或 2 次罚球，追踪裁判则应站在记录台对面边线中点处，一旦罚球结束准备执行掷界外球。

4．暂停与替换时的分工与合作

（1）当记录台发出某队请求暂停的信号时：

①一般应由靠近记录台的裁判员，或正在向记录台宣判的裁判员宣判完毕后，鸣哨并做出暂停手势，然后清楚地指出哪一队暂停的手势。

②接下来，两名裁判员应按暂停后重新比赛的方向分别站在两半场罚球圈的位置上，面向球队席监管场上情况。

③如该次暂停是请求暂停的队的最后一次暂停时，负责暂停的裁判员应通知该队教练员。

④暂停时间到，应按接下来的罚则执行或由先前已获控制球权的队掷球入界重新开始比赛。

（2）当记录台发出某队请求替换的信号时：

①由靠近记录台的裁判员，或由正在向记录台宣判的裁判员宣告完毕后，鸣哨以示确认准予替换，并做出替换手势。

②然后招呼替补队员进场，之后用目光或"竖起大拇指"的手势与另一裁判员联系，尽快地重新开始比赛。

（3）无论是暂停或替换，两裁判员都应记住以下情况：

①号码与罚球次数。

②如暂停或替换后是掷界外球，则应记住掷界外球的队和地点。

# 违例裁判

违例是违犯规则。在比赛中，常见的违例有：使球出界；运球违例；带球走；掷界外球违例；球回后场；干扰球；拳击球和有关违反时间方面的规则的违例等。

在比赛中，裁判员宣判了某队队员违例时其罚则是：将判给对方队员在发生违例的最近地点掷球入界。

## 队员出界

当队员的身体任何部分接触在界线上、界线上方或界线外的除队员以外地面或任何物体时，即队员出界。

## 球出界违例

当球触及界线，界线外的地面、人员、物体，篮球的支柱或背面及天花板为球出界违例。最后触球的队员是使球出界的队员。将球判给对方在球出界地点的界线外掷界外球继续比赛。

根据规则精神，队员出界应依据下列几点来判断：

（1）球场上的边线和端线属于界外。

（2）以队员触及的地面来判断。

（3）以球触及场外任何人员、地面、物体来判断。

当球触及了下列物体，即是球出界（最后触及球及被球触及的队员是使球出界的队员）：

（1）在界外的队员或任何其他人员。

（2）界线上、界线上方或界线外的地面或任何物体。

（3）篮板支架、篮板背面或比赛场地上的任何物体。

下列情况常使球出界：

（1）在双方争抢中，球打到某一队员身上，或被某一队员触及使球出界。

（2）某队员投篮时，球打在篮圈或篮板使球出界。

（3）传球或运球失误使球出界。

（4）球打在了篮板的背面，或支架上或其他物体使球出界。

（5）队员在界线附近用球触及了防守队员，是防守队员使球出界。

（6）队员在靠近界处，向界外跳起到空中。将球打在对方队员身上出界，则触球队员使球出界。

## 持球移动违例

持球移动违例就是平时说的带球走违例。

当队员在场上持着一个活球，其一脚或双脚超出了规则所规定的限制向任一方向非法移动就是带球走。

判断带球走违例首先要确立中枢脚，只有准确确立中枢脚才能正确判断带球走违例。中枢脚是队员持球双脚或一脚与地面接触时，依照篮球规则对一只脚的称呼。

1. 确立队员的中枢脚

（1）双脚着地接住球的队员，可用任何一脚作为中枢脚。

（2）队员在移动中或运球时确立中枢脚的方法：

①如果接球时一脚正接触地面，该脚成为中枢脚。

②如果双脚离地接球后，双脚同时着地，任何一脚可以作为中枢脚。

③如果双脚离地接球后，先触地的脚作为中枢脚。

④队员在移动中或运球时，一脚着地接住球可以跳起这只脚，再双脚同时着地，此时，两脚都不是中枢脚。

2. 队员可抬起中枢脚或跳起进行投篮和传球，但在球离手前不能落回地面。当两脚都是中枢脚时，单脚或双脚可以离地进行投篮和传球，但在球离手前不能落回地面。

3. 如运球，在球离手前不准提起中枢脚。当中枢脚不合法地移动就出现了带球走。

### 运球违例

队员控制球后，将球掷、拍或滚，在球触及另一队员之前再触及球为运球开始。每次运球中，必须使球与地面接触。当队员用双手同时触球或使球在手中停留时，运球结束。

一次运球结束后不得再次运球，除非失去对球的控制又重新控制球，才可以运球。

下面是常见的非法运球违例：

（1）运球中队员为突破防守，在突破中有明显的翻掌或携带球的现象。

（2）运球中在防守紧逼的情况下，双手同时触及球，球落地后在其他队员触及前又触及了球。

（3）在运球结束后，由于疏忽，没有意识到已运球结束又去运球。

下列情况不算运球：

（1）连续投篮。

（2）一次运球的开始或结束时漏接球。

（3）与附近的其他队员抢球中用挑、拍企图控制球。

（4）拦截传球并获得控制球。

（5）只要不出现持球移动违例，球在单手或双手中抛接或停留。

### 拳击球和脚踢球违例

凡是用拳头击球和故意用膝、膝以下的任何部位去击球或拦阻球为违例。将球判给对方在违例地点就近的界线外掷界外球继续比赛。

球碰脚或腿、脚和腿无意地碰球不算违例。

常见的脚踢球违例现象：

（1）在防守过程中，当对方传出球时，用腿或脚去拦阻球。

（2）在争抢球的过程，用脚故意地触及（踢）球。

### 球回后场违例

在前场控制球的队员不得使球回后场。中线属于后场。下述三条要素同时存在，即构成球回后场违例：

（1）某队在前场控制球。

（2）该队队员在前场最后触球。

（3）该队队员又在后场首先触及球。

球回后场违例，将球判给对方在边线中点处掷界外球继续比赛，可将球传给场上任何地方的队员。

常见的球回后场违例：

（1）在前场直接把球传给了后场的同队队员。

（2）在中场线附近持球或运球，脚或球触及了中线或后场。

（3）在前场无意中使球进入后场，之后同队队员在后场又触及此球。

（4）在前场跳起接同伴传来的球落到后场。

（5）在后场跳起接前场同伴传来的球，之后落到前场。

（6）某队员在他的后场触及球，随之球触及前场，然后接触后场的同队队员首先触及球。

### 掷界外球违例

投中篮或最后一次罚球成功后，得分队的对方任一队员有权在中篮处的端线上或端线后的任何一点掷界外球。在违例或任何其他比赛的中止后，由界外队员将球传入场内（以任何姿势），掷球入界开始比赛。

掷界外球时，裁判员必须将球递交给掷球入界的队员，也可将球抛或反弹给执行掷球入界的队员。执行掷球入界的队员应在裁判员指定的正确地点掷球入界。

1. 掷界外球队员发生下列情况为违例：

（1）球离手前消耗的时间超过 5 秒。

（2）球离手前或离手时，从裁判员指定的地方横向移动超过 1 米或向不止一个方向移动。

（3）球在手中时步入场内。

（4）球离手后接触场内其他队员之前，在场内再次触及球。

（5）球离手后，在球接触场内队员前又出界。

（6）直接使球触及篮筐、篮板。

2. 场内队员使身体的任何部分越过界线为违例。违例后，将球判给对方在同一地点掷界外球继续比赛。

常见的掷界外球违例的现象：

（1）掷界外球时，脚踩在界线上或球在手中时步入场内。

（2）由于场内同伴被严密防守，掷界外球队员在 5 秒钟之内没有掷球入场。

（3）掷界外球时，直接将球掷出界外（没有触及场上的队员）。

（4）在掷界外球时，球打在了篮板的后面或场地上方的任何物体。

## 干扰球违例

在投篮的时候，当球在飞行中下落，并完全在篮圈水平面上时，无论是进攻或防守的队员都不能触及球，否则应判触及球的队员干扰球违例。但在球触及篮圈后或明显不会触及篮圈时除外。

1. 在比赛中，队员违反下列规定应视为干扰球违例：

（1）当投篮或罚球的球触及篮圈时，进攻和防守双方队员都不得触及球篮或篮板。

（2）当投篮或罚球的球触及篮圈后弹起或在篮圈上时，攻守双方队员都可以触及球，但不得触及球篮和篮板。

（3）队员不得从下方伸手穿过球篮并触及球。

2. 罚则：

（1）进攻队员干扰球违例，球中篮无效，判由对方队在罚球线的延长部分掷球入界。

（2）防守队员干扰球违例，无论球中篮与否，均按照投篮区域判给进攻队2分或3分。

（3）当防守队员干扰球发生在最后一次或仅有一次的罚球中，应判给进攻队得1分。

### 跳球违例

跳球时，两名跳球队员的脚要站在靠近本队球篮一边的半圆内，一只脚靠近两人之间的线的中心，两名跳球队员应遵守下列规定：

（1）站在靠近本方球篮的中圈半圆内，一只脚靠近中线。

（2）在球到达最高点之前，不准拍球。

（3）不能直接抓住球或触及球超过两次。

（4）拍球两次后，在球未触及非跳球队员、篮板和球框、地面之前，不得再触球。

非跳球队员在球被跳球队员拍击前，应站在圆圈外。

如双方违例或裁判抛球不符合要求，或球未经任何跳球队员触及而落地，应重新跳球。如一对方队员要求站到其中一位置，本方队员不得围绕圆圈毗连站立。球被拍击前，如一名跳球队员离开跳球位置或跳球队员进入圆圈（圆柱体），裁判员立即宣判违例。如双方违例或裁判员抛球不符合要求，应重新跳球。

常见的跳球违例现象：

（1）当裁判员所抛的球没有到达最高点之前，某一队员拍（触）球。

（2）某一队员自认跳不过对方，在裁判员抛球后，离开了他的跳球位置。

（3）在抛球后，当球没落地之前或被非跳球队员触及之前，抓住了球。

（4）非跳球队员踩线或过早进圈。

罚球违例

一次罚球是给予一个队员在罚球线后的半圆内，在无争抢的情况下得一分的机会。可用任何方式的投篮，但必须遵守相关规定。

1. 罚球队员应站在罚球线后，可用任何方式投篮，并遵守下列规定：

（1）每次罚球不得超过 5 秒。

（2）使球投中篮或触及篮圈。

（3）球出手至触及篮圈前，不准踩罚球线或限制区地面。

（4）不得假装罚球。

罚球队员违例，中篮无效。将球判给对方在边线外掷界外球继续比赛。

2. 位于限制区两旁 5 个位置区的队员，应按规定站位，并遵守下列规定：

（1）不得扰乱罚球队员，如摇手、喊叫、踩脚等。

（2）罚球队员球离手后，方可进入限制区。

（3）要等球触及篮圈才能抢球。

如罚球队员的同队队员违反（1）、（2）条款，中篮有效，违例不究；不中，由对方掷界外球继续比赛。如对方违反（1）、（2）条款，中篮有效，违例不究；不中，重罚。双方违例，中篮有效，违例不究；不中，双方跳球继续比赛。

如罚球队员的同队队员违反（3）条款，中篮无效，对方掷界外球继续比赛；对方队员违反（3）条款，无论中篮与否，均判罚球队员得 1 分，还要判违例队员技术犯规。

3. 剩余队员应站在 3 分线外和罚球线延长线外，不得干扰罚球，要等球触篮圈才能进限制区。

如果执行一次以上的罚球，则只有在最末一次罚球发生违例时，才能执行掷界外球或跳球的规定。

常见的罚球违例现象：

1. 罚球队员违例

（1）罚球队员罚球时脚踏线。

（2）罚球队员在球触及篮圈之前进入限制区。

（3）罚球队员投篮的球没有触及篮圈。

2. 非罚球队员违例

（1）罚球队员球未出手前进入限制区。

（2）球与篮圈接触时触及球与篮板。

## 时间规则违例

1.3 秒违例

某队控制球时，同队队员在对方限制区内停留不得超过持续的3 秒。

限制区的各线都属于限制区的一部分，队员脚踩限制区任何一线，都算进入限制区。一名队员为了建立他自己在限制区外的位置，他必须把双脚置于限制区之外。如站在线上或线内，停留时间超过 3 秒钟，即可判 3 秒钟违例。当队员在限制区，当他的同队队员在做投篮动作，并且正在离开或球已离开投篮队员的手时：他在限制区内接近三秒钟时运球投篮。以上情况应被默许。

在掷界外球时，只要掷界外球队员控制球即开始计算 3 秒，尽管有时球未掷进场，同队队员在对方限制区内停留超过 3 秒，也应判违例。

当进攻队员在限制区内快到 3 秒时，从端线跑到界外，一旦发现这种投机取巧行为，应判违例并予以警告，再犯则判技术犯规。

在未控制球，如投篮出手、抢篮板球等，均不受 3 秒限制。

3 秒钟违例现象常出现在限制区内要球的高个进攻队员，在接球后准备进攻时，或在没接到球后，没及时离开限制区，而出现了 3 秒钟违例。

2.5 秒违例

当场内一名持球队员被严密防守，在 5 秒内没有传、投、滚或运球，应判违例。严密防守是指防守人距离持球人一臂以内的积极防守。

FIBA（国际篮球联合会）规则规定罚球也必须在 5 秒钟内出手。

常见的 5 秒钟违例情况：

（1）当队员被严密防守时，无法传球或运球时，有时易出现 5 秒钟违例。

（2）当进攻一方在场上被防守一方紧逼防守时，发球队员无法将球发进场，易出现发球队员 5 秒钟违例。

3. 8 秒违例

一个队从后场控制活球开始，必须在 8 秒内使球进入前场，即使球触及前场的地面或位于前场的队员。超过 8 秒为违例。

当球进入前场及有部分身体接触到前场的队员时，球即进入了前场。裁判员在计算 8 秒钟违例时，要以挥臂等手势计算秒数，并参照 24 秒计时器。如在后场先前已控制球的队，因下列情况被判在后场掷球入界时，如使球出界，同队队员受伤，一次跳球情况，一次双方犯规，双方罚则抵消，8 秒钟周期应继续。

8 秒钟违例情况一般多出现在后场端线或边线掷球入界进场后，进攻一方被对手紧逼防守时，运球突破或传球推进，在 8 秒钟内没有进入前场，导致 8 秒钟违例。在后场对方使球出界该队又继续拥有掷球入界权时，也易导致 8 秒钟违例。

4. 10 秒违例

当一名队员在后场控制活球时，该队必须在 10 秒钟内使球进入前场，后场 10 秒的计算就是从场内队员控制住一个活球开始，而不是从触及球开始，球进入前场的标志是必须使球触及前场地面，或触及站在前场的队员或前场篮板或球篮。

5. 24 秒违例

进攻队在发球进攻时，该队必须在 24 秒内投篮出手，并且球离开投篮队员的手后，在 24 秒钟装置的信号发出前，球触及篮圈。

24 秒钟违例规则，主要是根据 24 秒钟计时器来判定。

如球出界或由于控球队一方的原因中断比赛，24 秒应连续计算；

因对方拳击球、脚踢球违例或犯规，或因对方原因中断比赛，24 秒重新计算。

投篮的球已在空中，24 秒计时器错误地发出声响，球中篮有效；未中，按交换发球规则进行发球。

投篮的球夹在篮圈支架上 24 秒钟不复位，按争球处理，如原控制球队拥有球权，24 秒要连续计算。

常见的 24 秒钟违例情况：

（1）24 秒钟违例一般多出现在对方防守较积极，进攻一方没有机会投篮，而造成 24 秒钟违例。

（2）在进攻中球被对方打出界，而 24 秒钟要延续计算，并且剩余时间不多时，容易出现 24 秒钟违例。

（3）投篮的球没有触及篮圈，且又被该队获得球权，此时 24 秒钟还继续计算，且剩余的时间不多而导致 24 秒钟违例。

### 弃权和告负的规定

如果球队在主裁判通知比赛后拒绝比赛，它的行为阻碍比赛继续进行；在预定的比赛时间开始后 15 分钟，球队不到场或不能使 5 名队员入场准备比赛既为弃权。应判比赛告负，判给对方获胜，且比分为 20 : 0。此外，弃权的队在名次排列中积分为零。

在比赛中，如果球队在球场上的队员人数少于 2 名。该球队由于缺少队员应判比赛告负。如果获胜方球队领先，则比赛停止时的比分有效。如果获胜的球队不领先则比分应记录为 2 : 0，该球队获胜。此外，缺少队员的球队在名次排列中积分应记得 1 分。

# 犯规裁判

犯规是违反规则的行为，含有身体接触和不道德的举止。所有与对方发生接触的队员犯规，都是侵人犯规；所有替补队员的犯规以及不包含与对方发生接触的犯规都是技术犯规。

每次犯规都应进行登记，并按规则的有关条款进行处罚。

## 侵人犯规

侵人犯规是指队员与对方队员的接触犯规，无论球是死球还是活球，队员不应通过伸展他的手、臂、肘、肩、髋、腿、膝或脚来拉、阻挡、推、撞、绊、阻止对方队员行进，还有不应将其身体弯曲成"反常的"姿势（超出他的圆柱体），也不要放纵任何粗野或猛烈的动作。

1. 判断身体接触和侵人犯规的原则

判断身体接触是否犯规，必须严格遵循下列基本原则：

（1）每个队员都有责任用任何可能的方法避免发生接触。

（2）任何队员只要在占位时不发生身体接触，都有权到达在规则的限定范围内没有被对方队员占据的正常地面位置。

（3）如果发生了接触的犯规，则应由造成接触的队员负责。

2. 判断侵人犯规

队员不准通过伸展臀、肩、髋、膝、脚或弯曲身体或不正常姿势以阻挡、拉、推、撞、绊等动作来阻碍对方行进；也不准使用任何粗野动作。

（1）阻挡：是阻止对方队员行进的身体接触。

（2）撞人：是持球或不持球的队员推动或移动到对方队员躯干上的身体接触。

（3）从背后防守：是防守队员从对方队员的背后与其发生的身体接触。

（4）用手拦阻：是防守队员在防守状态中用手接触对方队员，或是阻碍其行动或是帮助他来防守对手的动作。

（5）拉人：是干扰对方队员移动自由而发生的身体接触。

（6）非法用手：队员试图用手抢球接触了对方队员。

（7）推人：是用身体的任何部位强行移动或试图移动对方队员时

发生的身体接触。

（8）非法掩护：是试图非法拖延或阻止非控制球的对手到达希望到达的场上位置。

### 3. 队员的活动准则

（1）垂直原则：队员合法占据场上地面位置后，对该位置及其上面的空间（圆柱体）拥有权力。这个垂直原则保护队员所占据的地面位置及其空间，攻守双方都应遵守。

防守队员将手臂放在进攻队员上方，阻止进攻队员垂直起跳和投篮，发生接触，尽管防守队员似乎没动，也应由其负责。

进攻队员离开他的垂直位置（圆柱体）向斜上方起跳与保持垂直位置（圆柱体）进行合法防守的队员造成接触，为进攻队犯规。

（2）合法防守位置：防守队员面对对手，双脚以正常的跨立姿势着地，两脚距离比肩略宽，就是采取了合法的防守位置。

（3）防守控制球的队员：防守控制球的队员，时间和距离的因素可置之不顾。持球队员应预料到对方的防守。只要防守队员在占位前不发生身体接触，即使只比对手早 0.1 秒、距离只有 1 厘米而取得了合法的防守位置，持球队员应立即停步或改变方向，否则发生接触应由持球队员负责。

运球队员在未发生身体接触的情况下过人，头和肩部已超过对手，而后发生接触，防守队员负责；如防守队员已占据合法的防守位置，并且保持静止或侧移或后撤，然后接触发生在躯干部位，则是持球队员造成犯规。

（4）腾空的队员：从场上某处跳起在空中的队员，有权不受对方妨碍再落回原地点。他也可落在场上另外地点，只要在起跳时该地点以及从起跳点到落地点之间的通道未被对手占据。

腾空的队员应受到保护，移至一个腾空队员身下，发生接触总是违反体育道德的犯规。造成恶劣后果，可能是取消比赛资格的犯规。从腾空队员身下钻过，即使没有接触，应予以警告或判罚技术犯规。

　　如果起跳队员落地后，由于冲力而碰撞了附近的对手，起跳队员应对接触负责。

　　（5）防守不控制球的队员：不控制球的队员有权在场上自由移动，在抢占位置时，必须考虑时间和距离的因素。这意味着双方对员不能占据距离对手太近的位置（此距离与对手的速度成正比，既不少于一步又不多于两步），也不准过快地插入移动中的对手路径，使得对手没有足够的时间和距离来停步或改变方向。

　　队员在占位时忽视时间和距离的因素并发生身体接触，将负有责任，可能判他犯规。

　　防守队员已占据合法的防守位置后，可横移或后撤以使自己保持在对手的路径上，也可以迎着对手前移，但不能与对手发生身体接触。

　　（6）合法掩护：队员试图延误或防止非控制球的对手到达希望到达的场上位置时即为掩护。合法掩护发生的瞬间应是静立的，并且要有距离，距离的大小由被掩护者的视野和状态来确定。移动中掩护，在静立对手视野之外建立掩护没有给出适当距离，对被掩护者在移动中没有考虑时间和距离的因素并与对手发生接触是非法掩护。

　　（7）阻挡：队员在场上占据位置时伸展臂或肘是允许的，但如果对方队员试图从他身边通过时，他应将臂或肘放下，否则该队员往往会阻挡犯规。

　　（8）用手触及对方队员：队员用手去触及对方，本身未必是犯规。但是，如果任何一种接触限制了对方队员活动的自由或是得到了不正当的利益，这样的接触便被视为犯规。

　　队员用手去触摸而不是拉住位于视野范围之外的对手，以辨别其位置是允许的。如果在视野范围之内，则没有理由这样做，可能被判犯规。

　　运球队员不可使用前臂或手来阻止对方队员获得球。

　　为了抢球，只是附带地接触对方持球的手时，不算犯规。

　　（9）居中策应：居中策应的队员和防守他的队员都应遵守垂直原则。双方队员均不得非法地使用臂、肩、肘、膝或身体的其他部位干扰对方活动的自由。

4. 侵人犯规的罚则

在球进入比赛状态、活球或死球时都可能宣判侵人犯规。

如果被侵犯队员未做投篮动作，应由被侵犯队的队员在犯规地点最近的界线外掷界外球继续比赛。

如果被侵犯的队员在做投篮动作，如投中，得分有效，再判给一次罚球；如未中，应视其投篮地点判给两次或三次罚球。

5. 其他犯规及罚则

（1）违反体育道德的犯规：裁判员认为队员蓄意地对持球或不持球的对方队员造成侵人犯规为违反体育道德的犯规。它与动作的大小和激烈程度无关，而决定于这个接触是有预谋或是有企图的。

如果是对未做投篮动作的队员违反体育道德的犯规，判给被侵犯的队员两次罚球或边线的中点处掷界外球。

如果是对投篮队员违反体育道德的犯规，投中有效，再判给一次罚球和边线的中点处掷界外球；如未中，则视其投篮地点判给两次或三次罚球和边线的中点处掷界外球。

（2）取消比赛资格的犯规：十分恶劣的侵人犯规或技术犯规，将取消比赛资格的犯规。罚则与违反体育道德犯规的罚则相同，并应判罚犯规队员回到休息室或离开体育馆。

（3）双方犯规是两名互为对方的队员大约同时相互发生侵人犯规的情况。如有违反情况，可视情况作如下裁判：

①应给每一犯规队员登记一次侵人犯规。不判给罚球。

②投篮有效或最后一次或仅有一次的罚球得分，应将球判给非得分队从端线的任何地点掷球入界。

③某队已控制了球或拥有球权，应将球判给该队在最靠违犯的地点掷球入界。

（4）队员5次犯规：在4×10分钟的比赛中，一个队员不论侵人犯规或技术犯规共达5次，必须自动退出比赛。由其他未达5次犯规的替补队员替换。

（5）全队4次犯规：在4×10分钟比赛的每节，一个队的队员侵人犯规和技术犯规已达 4 次，此后发生的所有队员犯规，均判给被侵犯队员 2 次罚球，除非含有更为严重的罚则。控制球队犯规例外。

（6）控制球队的队员犯规：控制球队的队员发生一般的侵人犯规，如带球撞人，掩护犯规，即使该队在一节里已达 4 次犯规，也不罚球，由对方在犯规地点最近的界线外掷界外球继续比赛。

控制球的定义是：队员拿着或运着一个活球，或者在掷界外球的情况下，当掷界外球队员可处理球时，为队员控制球。队员控制球和球在同队队员之间传递时都算该队控制球。在对方控制球前、球成死球前，或投篮中当球离开投篮队员手前，都算该队一直控制球。

（7）特殊情况下的犯规：在几乎同时或在同一死球期间宣判多起犯规，应按下列原则进行处理：

①登记犯规。

②比较双方获得的罚则，如罚则相同，可以抵消，不判罚球或从边线掷界外球的球权，比赛应在就近的圆圈内跳球继续比赛。

③如罚则不同，应按犯规发生的次序判罚和执行。几乎同时宣判的多起犯规，裁判员必须决定犯规发生的次序。

④最后一起犯规前的各起罚则中的掷界外球权利将被取消。

6. 打架

队员参与打架将被取消比赛资格。

在打架或可能导致打架的情况中，除教练员为了协助裁判员维持和恢复秩序可离开球队席区域外，其他坐席人员离开球队席区域应被取消比赛资格。发生这类事件，应登记教练员一次技术犯规。球队成员取消比赛资格，必须离开球场回到休息室，或是离开体育馆。

### 技术犯规

根据规则规定：比赛的正当行为要求双方球队的成员（队员、替补队员、教练员、助理教练员或随队人员）与裁判员、记录台人员以及技术代表应有完美和真诚的合作。每个球队应尽最大的努力去获得胜利，但胜利的取得必须符合体育道德精神和公正竞赛的要求。任何故意的或一再的不合作，或不遵守本规则的精神，应被判为一次技术犯规。

技术犯规是包含（但不限于）行为性质的队员非接触性犯规，下列行为可视为技术犯规：

（1）不顾裁判员的警告；

（2）没有礼貌地触及裁判员、记录台人员以及技术代表或球队席人员；

（3）使用很可能冒犯或煽动观众的语言和举止；

（4）戏弄对方队员或在他的眼睛附近摇手妨碍其视觉；

（5）当球中篮后，故意地触及球以延误比赛；

（6）阻碍迅速地执行掷球人界以延误比赛；

（7）故意倒下以伪装一次犯规；

（8）悬吊在篮圈上（队员扣篮后瞬间地抓住篮圈或根据裁判员的判断，为防止自己或另一队员受伤除外）。

如技术犯规了，视情况作如下罚则：

（1）如队员技术犯规，应登记一次技术犯规，并作为全队犯规计数；

（2）如教练员、助理教练员、替补队员、随队人员的技术犯规，均登记教练员一次技术犯规，但不作为全队犯规之一计数；

（3）应判给对方队员 2 次罚球，以及随后在记录台对面的中线延长部分掷球入界；

（4）在比赛开始前的 20 分钟、任何两节之间、两半时之间的时间间隔和所有决胜期前的时间间隔内发生的技术犯规，为比赛休息时间内的技术犯规，其罚则是：登记犯规队员一次技术犯规，判给对方队 2 次罚球，并作为全队犯规计数；如是教练员、助理教练员或随队人员技术犯规，则对教练员进行登记，判给对方队 2 次罚球，该犯规不计入全队犯规之中。罚球完毕后，比赛按原有的程序进行（在中圈跳球开始或由交替拥有权的队掷球入界）。

# 裁判员手势

## 得分手势

1 分：1 指从腕部下屈。

2 分：2 指从腕部下屈。

3 分试投：3 指伸展。

3 分投篮成功：每手 3 指伸展。

取消得分或取消比赛：双手像剪的动作胸前交叉一次。

## 计时手势

停止计时钟（同时鸣哨）或不开动计时钟：伸开手掌。

犯规停止计时钟（同时鸣哨）：一拳紧握，另一掌向下指犯规者腰部。

计时开始：用手做砍状。

24 秒复位：转动手，食指伸展。

## 管理手势

替换（同时鸣哨）：前臂交叉。

招呼入场：伸开手掌摆向身体。

暂停（同时鸣哨）：成"T"形食指示之。

裁判员和记录台人员之间的联系：拇指向上。

## 违例手势

带球走：转动双拳。

非法运球或两次运球：轻拍动作。

携带球：朝前半转。

3 秒违例：伸出手臂示 3 指。

5 秒违例：示 5 指。

8 秒违例：示 8 指。

24 秒违例：手指触肩。

球回后场：摆动手臂，食指指示。

跳球：两拇指向上，随后指向上，再指向拥有箭头（交替拥有指示装置）的方向。

走步：双手握拳胸前画圈。

脚踢球：手指脚。

## 队员号码

4 号：伸出四个手指。

5 号：伸出五个手指。

6 至 9 号：为一手 5 另一手 1 至 4。

10 号：握拳。

10 至 15 号：为一手握拳，另一手 1 至 5。

我国篮协裁判员委员会 2008 年 10 月裁判员号码手势统一规定：

16 至 19 号，前手臂交叉，同时双手伸出手臂。如：双臂交叉双手伸出 8 指，为 18 号，注意手掌朝前手指交代清楚。

20 至 99 号，分两次打手势，手背手指朝前为十位数，手掌手指朝前为个位数，大拇指和食指合成小圈为零。如：手背朝前伸 2 指，然后再打零，为 20 号。手背朝前伸 3 指，然后手掌朝前伸 4 指，为 34 号。

0 号，双手的拇指和食指合拢成一个小圆圈，为零号或零零号。

## 犯规手势

非法用手：击腕。

阻挡（进攻或防守）：双手置髋部。

过分用肘：向后摆肘。

拉人：向下抓住手腕。

推人或不带球撞人：模仿推。

带球撞人：握拳击掌。

控制球队的犯规：握拳指向犯规队的球篮。

双方的犯规：挥动紧握的双拳。

技术犯规：成"T"形，手掌示之。

违反体育道德的犯规：向上抓住手腕。

取消比赛资格的犯规：紧握双拳。

## 罚球手势

1 次罚球：举起 1 指。

2 次罚球：举起 2 指。

3 次罚球：举起 3 指。

## 执行罚球

在限制区内：

1 次罚球：水平伸 1 指。

2 次罚球：水平伸 2 指。

3 次罚球：水平伸 3 指。

在限制区外：

1 次罚球：伸食指。

2 次罚球：手指并拢。

3 次罚球：每一手伸展 3 指。

## 比赛方向手势

手指指向：手臂平行边线。

在控制球队犯规之后：握拳，手臂平行边线。

# 裁判员的宣判程序

### 违例的宣判程序

每当发生违例时，负责宣判的裁判员应立即鸣哨一声并同时做出违例手势（即单手举手在空中，伸开手掌，手指并拢），以停止比赛计时钟。接着清楚地用手势做出违例的类型，例如做出带球走的手势，然后用一手清楚地指出比赛的方向。判给获得球权的队在对方队发生违例的就近地点掷球入界。在所有的情况下，因发生违例判给的获得球权的队掷球入界，需由裁判员递交球。

### 犯规的宣判程序

每当发生一起犯规时，负责该区域比赛的裁判员应鸣哨一声，同时单手握拳向上伸直手臂，以停止比赛计时钟，用另一手直臂向前伸出，掌心下指向犯规队员的腰部，清楚地指明犯规队员是谁，必要时可接着指出该犯规的罚则，如罚球、罚几次或掷界外球。接着移向记录台，选择一个使记录员能看清楚和裁判员身前无障碍的位置，离记录台大约6～8米，用手势向记录员清楚地报告犯规队员的号码和犯规的类型，然后，指出犯规的罚则，即罚球的次数或随后的比赛的方向。

需要注意的是，如发生犯规时，投球中篮，任何得分有效或取消的手势，必须先行做出。

# 记录台的工作

记录台工作是篮球比赛中裁判工作的一部分，是保证比赛顺利完成的重要一环。合格的记录台工作为临场裁判员提供轻松的工作环境，使他们集中精神执法，而且对双方球队在比赛时间内得分多少以及确定胜负也起着保证和决定作用。

记录台工作人员态度要端正，要热爱本职工作。要按时到达场地，认真检查需要使用的器材设备。要努力钻研业务，熟悉规则和裁判员手势，掌握器材设备的性能和操作方法。在记录台就位后，不大声喧哗，不欣赏比赛，不议论裁判员的判罚。对教练员的询问，简单明了回答，态度和气。遇有意外情况，尽快通知主裁判员处理，并如实提供情况。

### 记录员的工作

记录员是根据裁判员的手势和宣判，依照规则规定的记录方法和符号对比赛双方的暂停、犯规、队员上场、得分进行登记。在助理记录员的协助下，及时、准确地做好记录工作。

赛前应准备好记录用具，如记录表，略大于记录表的垫板，蓝色复写纸，圆珠笔，大头针、夹子等。正式比赛记录表一式 4 份，颜色依次为白、粉红、黄、蓝。白色的上交主办单位，粉红色的交给比赛的胜队，黄色的交给负队，蓝色的交承办单位。

比赛开始前，记录员要用蓝色复写纸和蓝色圆珠笔填写比赛名称、场次编号、地点、日期、时间、裁判员姓名。填写队员、队员姓名、号码，主队或秩序册上排在前边的队为 A 队，客队或后边的队为 B 队。

比赛前 10 分钟，教练员应核对该队名单、号码无误后签名，并提供首先上场的 5 名队员号码，A 队教练员首先做此项工作。

上半时用蓝复写纸和红笔记录（下半时用蓝色笔），在上场队员号码左侧画上"×"符号，在替补队员首次上场时，照样要画"×"符号。在队长姓名后边注明（CAP：队长、领袖之义）字样。

比赛中首先要尽快熟悉队员号码和特征，认清攻守方向，看清裁判员手势再落笔。

当某队请求暂停已被同意，用两条斜线从对角线划掉相应的空格。未用过的空格在每半时结束后，用双横线划掉。

每个队员号码后面有五个空格是登记犯规用的。当队员犯规时，用该犯规性质的英文第一个字母填写：

P：一般侵人犯规；

T：技术犯规；

D：取消比赛资格犯规；

U：违反体育道德犯规。

每次队员犯规，还要在全队犯规栏内按顺序将 1～4 数字方格用斜线划掉。

累积分栏内已经预先印好 1～160 分的数字，当队员投篮得分时，只需填上得分队员的号码和用斜线划掉该累积分即可。如罚球得分，则应将整个格子涂实。

上半时结束时，应将两队的得分填入记录表下端的适当地方。

比赛结束后，要填写下半时比分和最后的比分，并填上胜队的队名。

记录名应在记录表上签名，接着由计时员、24 秒钟计时员、副裁判员签名，主裁判员最后审核记录表后签名，此举即结束比赛。

## 助理记录员的工作

助理记录员协助记录员工作，并完成部分规则规定记录员应完成的任务。

（1）根据裁判员的手势和宣判处理，将需登记的有关事项，用清晰的语言，按顺序、有节奏地报告给记录员。

（2）当队员犯规时，迅速举起相应的犯规次数牌。

（3）完成宣告任务，语言简炼，口齿清楚。

当某队请求暂停时，助理记录员应在球成死球并停止比赛计时表时，通过发出信号通知裁判员某队请求暂停，但这一信号必须在球重新进入比赛状态前发出。教练员请求暂停后，如果对方投篮得分，也可以给予暂停，但该请求应是在投篮队员球离手前提出的。暂停时应开动暂停计时表，当到达 50 秒时通知双方球队准备比赛。当某队第二次请求暂停时，应通知裁判员。

当替补队员坐在替补席上并做好上场准备，助理记录员应在裁判员宣判了争球、犯规、或暂停被允许、或因裁判员因任何原因中断比赛时，在球重新进入比赛状态前发出替换的信号。

发生违例后，只有掷界外球的队可要求替换。该队的替换要求被允许后，对方才可进行替换。

最末一次罚球中篮后，只有罚球队员可以被替换出场，但必须在第一次或仅有的一次罚球前提出。在此情况下，也允许对方替换一名队员，只要在最末一次罚球进入比赛状态前提出。

当队员个人犯规已达 5 次，发出信号并举起第 5 次犯规牌。

比赛中遇特殊情况需与裁判员联系，应在球成死球时发出信号。

### 计时员的工作

计时员应依照规则的规定，按照裁判员宣判的哨音和手势，及时开动和停止比赛计时表。每次开、停后，特别是"长走未停"和"久停未开"时，观察计时表的状态是否正确。每节或决胜期结束，应发出区别于裁判员和记录台的响亮信号。

1. 开动计时表：

（1）跳球中，球抛到最高点后被一名跳球队员首先拍着球时，开表。

（2）罚球未中而继续比赛，当球触及场上队员时，开表。

（3）掷界外球继续比赛，当球触及场上队员时，开表。

2. 停止比赛计时表：

（1）当裁判鸣哨时，停表。

（2）当发出 24 秒信号时，停表。

（3）当对方球队的教练员在投篮队员投篮、球离手前已请求了暂停，投篮得分时，停表。

（4）每节或决胜期结束时，停表。

24 秒计时员应根据规则规定操纵 24 秒计时器，正确、及时处理好停表、回表和 24 秒钟连续计算。

1. "二慢"：

（1）当 24 秒信号发出时，回表慢。

（2）不能确定控制球队是否已失去控制球权时，回表慢。

2. "二快"：

（1）确定投篮队员投篮球离手时，回表快。

（2）确定控制球队失去控制时，回表快。

3. "三停"：

（1）对裁判员的判罚不明确时，只停不回，弄清之后，再确定回表或连续计算。

（2）球出界，仍由原控制球队的队员掷界外球时，24 秒计时器只停不回，连续计算。

（3）裁判员中止比赛以保护受伤队员，并由受伤队员的同队队员掷界外球时，24 秒计时器只停不回，连续计算。

# PART 12 赛事组织

现代的篮球比赛是一项涉及到多方面的运动项目，要使各个方面有条不紊地进行下去，赛前的准备、赛中的管理，赛后的完善等等是必不可少的。可以说，篮球的赛事组织是篮球赛事顺利进行的必要保证，一定要科学组织，合理施行。

## 竞赛种类

根据举办篮球竞赛的目的和任务，篮球赛事可分为以下几种：

1. 冠军赛

冠军赛是为争夺冠军称号而组织的比赛。在国际、国内都举行这种比赛，如奥林匹克运动会中的篮球比赛，亚洲运动会中的篮球比赛等。通常都是用这种比赛来衡量某个球队在一定时期内的技术水平。

2. 锦标赛

锦标赛是由举办竞赛的国家、地区、系统、体育协会或业余篮球联合会设置的。因对优胜者奖以锦标而得名，目的是为了检阅不同范围的篮球运动技术水平，推动篮球运动的开展。

3. 杯赛

杯赛是为争夺各种以特定名称所命名的奖杯而举行的比赛，如"亚洲杯"、"三好杯"篮球赛等。

4. 联赛

联赛一般是每年举行一次，目的是为了检查训练、交流经验、划分球队和运动员等级。如我国举行的甲级联赛、乙级联赛等。

5. 邀请赛

邀请赛是国际和国内各地区、各单位之间举行的友谊赛，目的是相互学习和了解，促进友谊和团结。

6. 选拔赛

选拔赛是为了选拔参加某个重大比赛的队员或代表队而举行的比赛。

7. 表演赛

表演赛是为了宣传和普及篮球运动，利用节日、假日在公共场所进行的比赛。

# 组织程序

1. 制定竞赛规程

竞赛规程主要包括竞赛名称、目的、任务、日期、地点、参加单位及人数限定、参赛者资格、报名及报到日期、竞赛办法、竞赛所采用的规则、名次评定和奖励办法、抽签时间和地点及注意事项。

2. 接受报名

确定参赛队伍数量和审核运动队、队员资格是否符合规定。

3. 确定比赛方案

根据报名的实际队数以及比赛的时间和条件，确定如何组织比赛。一般是通过抽签，确定各队的位置。

4. 编排竞赛日程

根据比赛的时间和抽签的结果，排定日期、时间、场地等比赛秩序。

5. 编印秩序册

将与比赛有关的文件、组织机构、参赛单位及运动员、竞赛日程及成绩登记表编印成册，在开赛前发至各队。

6. 实施比赛

由竞赛部门和裁判长，按照比赛的日程通过安排裁判员实施比赛。

7. 决出比赛名称及颁发奖品

# 组织管理

赛事组织管理是有目的地组织、指挥、控制和调节竞赛工作的过程。可分为赛前管理、赛间管理和赛后管理。

## 赛前管理

在赛前准备工作中，首先要成立筹备组织（大规模比赛要成立筹备委员会或竞赛委员会），讨论决定比赛的组织方案、竞赛规程、组织机构以及比赛工作计划等主要问题。

1. 成立组织机构

机构范围可根据比赛规模的大小而有所不同，通常全国性比赛的组织机构形式为：

组织委员会包括仲裁委员会、竞赛处和秘书处。竞赛处包括竞赛组、裁判组、场地组。秘书处包括宣传组、总务组、医疗组。

2. 决定组织方案

组织方案是大会一切工作的依据。一般包括下列内容。

（1）竞赛名称和目的任务。

（2）比赛的组织机构，包括组织形式，工作人员名额，组织委员会下设的主要部门及负责人名单等。

（3）比赛经费预算：根据实际工作的需要制定预算。一般包括会场布置、场地修建、器材、奖品、交通、食宿、招待、邮电、印刷以及文具费用等。

（4）工作进行步骤：主要说明竞赛筹备工作分为几个阶段进行，各个阶段进行工作的步骤。

3. 制定竞赛规程

竞赛规程是比赛的指导性文件，是竞赛工作进行的依据。

竞赛规程主要包括竞赛名称、竞赛的目的任务、主办单位、竞赛日期和地点、参加单位、各单位参加人数、运动员参加资格、报名及报到日期、竞赛办法、竞赛规则、评定名次和奖励办法、抽签日期和地点、注意事项。

4. 制定工作计划

根据组织委员会的组织方案，竞赛规程和比赛的主要工作日程计划，由各工作部门拟定具体工作计划，经组织委员会批准执行。各部门主要工作内容如下。

（1）仲裁委员会的主要工作：解决竞赛中出现的重大问题。

（2）竞赛处的主要工作。

①编印比赛秩序册。秩序册应包括竞赛规程、开幕式程序、闭幕式程序、组织委员会名单、大会工作人员名单、裁判员名单、各代表名单、比赛日程表、成绩记录表等。

②裁判工作：组织裁判员学习，讨论研究竞赛规则和裁判法，并进行裁判分组、分工和实习，做好赛前的思想和业务准备。

③审查参加者的资格。

④技术统计：根据规定的任务和要求，确定参加工作的人员和人数，准备各种仪器和表格并组织实习。

⑤安排好各队在赛前和休息日的训练场地和时间。

⑥检查场地、器材和设备的准备情况。

⑦绘制各种表格，如成绩记录表等。

⑧与秘书处联合召开领队、教练员会议，讨论研究有关问题。

（3）秘书处的主要工作。

①制定比赛工作日程：内容包括比赛、文娱、参观、会议、座谈、经验交流以及休息等，要做好具体安排。

②做好比赛宣传和报道工作。

③搞好生活、交通，票房等工作。

④安排好医务人员和医疗用品等。

⑤维持好比赛场地的秩序和搞好安全工作。

## 赛间管理

（1）要坚持进行政治思想教育，严格纪律，加强团结，赛出风格，赛出水平。

（2）组织裁判员及时总结，改进裁判工作，提高裁判水平。裁判组在每天工作结束后，应及时把比赛成绩交大会竞赛处，并及时安排好第二天的工作。

（3）技术统计材料要求当天统计出来，及时登记总表，以便结束时进行总结，并送给比赛队。

（4）经常对比赛场地、设备、器材进行检查。

（5）遇有特殊情况，需要更改比赛场地、日期和时间，应由负责部门及时通知有关球队。

（6）经常与各队取得联系，定期召开领队或其他会议，及时处理有关问题。

## 赛后管理

（1）组织和召开大会闭幕式，公布比赛成绩、发奖、致闭幕词。

（2）安排和办理各球队离开比赛地区的有关交通等事宜。

（3）做好裁判工作、技术统计工作和大会各部门的总结。

（4）对竞赛技术资料进行处理归档。

# 竞赛制度

篮球竞赛制度是为保证各种篮球比赛能在规定的时间内、地点内,有计划、有组织地完成所采用的制度。目前广泛实施的有赛会制、赛季制和混合制。

## 赛会制

赛会制是让参加比赛的球队集中在一个地方,用几天或十几天的时间,连续进行比赛的一种竞赛制度。

赛会制的运用范围比较广泛,其特点是比赛队伍较集中,比赛地点固定,时间短,比赛场次连续,比赛强度大,调整、恢复时间短,容易产生疲劳。由于时间短、比赛多,所以对承办单位有较高的要求,比赛前要做好各方面的准备。如奥运会篮球赛、世锦赛等都是采用这种赛制。

要仔细制定好全面的组织方案,规划好各部门的工作范围,明确各部门的工作职责,协调好各部门的工作关系。

各方面工作要具体、细致,要有很强的时间观念,要始终处于紧张的运转状态,保证比赛的顺利进行。

后勤工作部门要以全天候的方式保障参赛运动员有良好的休息和营养条件,以充沛的精力投入比赛。

## 赛季制

赛季制是一种竞赛时间较长,参赛队伍不集中,分别在参赛队各自的赛地进行比赛,参赛队每赛完一场后需移地并有若干休整天的一种分主、客场的竞赛制度。

赛季制最明显的一个特点就是采用主、客场的形式进行比赛。竞赛期较长,一般约为半年,通常是跨年度的,可以根据比赛性质、时间和水平,安排比较多的比赛场次。但由于主、客场的比赛队伍经常往返于赛地，要有雄厚的经济实力保证，因而赛季制比赛应用的范围比较小，一般只是在一个国家内最高水平的比赛中运用。如美国的 NBA 比赛，从 1946 年起就用这种跨年度的赛季制，中国篮球协会举办的 CBA 和 WCBA 比赛中也实行赛季制。

赛季制比赛赛场分散，各赛地的比赛时间、次数相对较少，但工作任务延续时间跨度大，因此组织机构更应当精干，做到机动性程序化操作。

在比赛的管理上，既要利用主场天时、地利、人和的有利条件，又要营造公平竞争的良好环境与氛围；要加强对主场工作人员和运动员的职业道德教育与对观众的宣传教育，提高观赏比赛的文化氛围。

### 混合制

混合制是在一个竞赛过程中，将赛会制和赛季制结合起来实施的竞赛制度，通常是竞赛前期采用集中在一起进行比赛，竞赛后期采用主、客场的形式进行比赛。我国目前举办的全国男子篮球联赛（简称 NBL）实行的就是这种混合制。

# 竞赛方法

篮球比赛常用的竞赛方法主要有淘汰法和循环法，将两种方法结合起来运用的叫混合法。比赛方法的选用要依据比赛的时间、场地和队数等实际情况而确定。

### 循环法

循环法是每个队都能和其他队比赛一次或两次，最后按成绩计算名次。这种竞赛方法比较合理、客观和公平，有利于各队相互学习和交流经验。

循环法包括单循环、双循环和分组循环三种方法。

### 1. 单循环

单循环是所有参加比赛的队均能相遇一次，最后按各队在全部比赛中的积分、得失分率排列名次。如果参赛球队不多，而且时间和场地都有保证，通常都采用这种竞赛方法。

单循环比赛轮次通常是这样计算的：如果参加的队数是偶数，则比赛轮数为队数减 1。例如：8 个队参加比赛，比赛轮数为 8－1＝7 轮。如果参加的队数是奇数，则比赛轮数等于队数。例如：5 个队参加比赛，比赛就要进行 5 轮。计算轮数的目的，在于计算比赛所需的总时间。例如：有 7 个队参加比赛，其轮数是 7 轮，如果比赛中间再休息 2 天，则比赛的总时间为 9 天。计算场次的目的，在于计算比赛所需的场地数量，并由此考虑裁判员的数量，以及如何编排竞赛日程表等。

单循环比赛的编排是这样的：单循环比赛顺序的编排，一般采用轮转法。不论参加队数是偶数还是奇数，都应按偶数编排。如果是奇数，可以补一个"0"号，与"0"相遇的队就轮空一次。这种轮转法，适用于各队实力互不了解，故采用抽签定位的办法，很可能出现强队早期相遇。

"逆时针轮转法"的编排方法可使最后的比赛保持精彩，是通常采用的编排方法，如下表所示。

| 第一轮 | 第二轮 | 第三轮 | 第四轮 | 第五轮 | 第六轮 | 第七轮 |
| --- | --- | --- | --- | --- | --- | --- |
| 1—8 | 1—7 | 1—6 | 1—5 | 1—4 | 1—3 | 1—2 |
| 2—7 | 8—6 | 7—5 | 6—4 | 5—3 | 4—2 | 3—8 |
| 3—6 | 5—5 | 8—4 | 7—3 | 6—2 | 5—8 | 4—7 |
| 4—5 | 3—4 | 2—3 | 8—2 | 7—8 | 6—7 | 5—6 |

轮次表编排完后，各队进行抽签，并按各队抽到的号码填到轮次表里（或按上届比赛的名次顺序确定编号），据此再编成竞赛日程表。编排竞赛日程表，首先要贯彻机会均等、公平竞争的原则，当然也要适当地照顾到比赛的需要，可以从时间（上午、下午、晚上）、场馆（大馆或小馆）、地区（本地或外地）等不同的方面做出调整，达到各队大体

上的平衡。

编排中，要考虑到轮次中间的间隔长短，以保证运动员有足够的休息时间。如果竞赛期限允许，通常打完 3 轮后要休息一天。

2. 双循环

双循环是所有参加比赛的队均能相遇两次，最后按各队在两个循环的全部比赛中的积分、得失分率排列名次。如果参赛队少，或者创造更多的比赛机会，通常会采用双循环的比赛方法。

双循环比赛的轮次、场次以及比赛时间，均是单循环比赛的倍数。

3. 分组循环

分组循环是将所有参加比赛的队先分成若干个小组进行第一阶段预赛，然后每组的优胜队之间再进行第二阶段的决赛，决定第 1 名和以下的名次。在分组预赛中采用单循环的比赛方法，在决赛中可采用单循环赛、同名次赛、交叉赛等，故也称这种竞赛方法为混合循环制或"两阶段制"。分组循环适用于有较多的队参加的竞赛，可以在不长的期限内较合理较公平地完成竞赛任务。

分组循环的不足之处，是参赛队由于实力不同，如果分布不均，可能造成强队先期被削减、弱队反而名次排列在前面的局面。为了克服这个缺陷，在编排中应设立"种子队"。所谓"种子队"，就是实力和成绩相对较强的队，应被合理地分开。种子队可以通过协商确定，也可以根据上一届比赛的名次来确定。为了照顾主办竞赛的单位，有时也将主队作为种子队。不过这些都应在竞赛规程中作出规定，还要经过一定会议的讨论和认可。

分组循环的具体编排如下：例如，有 16 个队参加比赛，为了使各组的队数相均，可分成 4 个小组，每组 4 个队。如果时间、经费允许，又希望多打比赛，也可分成两个小组，每组 8 个队。在分成 4 个小组中，"种子队"可设立 4 个队，也可设立 8 个队，经抽签编到小组内，或者将 1、8、2、7、3、6、4、5（依照上届比赛的名次排出）经抽签编入组内。其余的按蛇形排列方法，将 1、4、5、8"种子队"排到第一组，2、3、6、7"种子队"排到第二组，其余各队再经抽签编入组内。

第二阶段的决赛如果采用单循环赛，4 个小组的第 1 名（两个小组的第 3、4 名）编为一组，决出 5～8 名；其余依此类推，决出全部名次。

第二阶段的决赛如果采用同名次赛，则由两个小组的第 1 名比赛决出冠、亚军，两个小组的第 2 名中决出第 3 和第 4 名，依次类推，决出全部名次。

第二阶段的决赛若采用交叉赛，则 A 组的第 1 名对 B 组的第 2 名，B 组的第 1 名对 A 组的第 2 名先进行半决赛，再由两场比赛的胜者进行决赛决出冠、亚军，负者决 3、4 名。其余名次，也是依照上述交叉的方法进行。如果两个小组都各有 5 个队，剩下的队不能采用交叉赛，也可采用同名次赛决出最后的名次。此事应在竞赛规程中作出规定。

## 淘汰法

淘汰法是参加比赛的队经过一次或两次失败后即被淘汰，获胜的队继续比赛，一直到取得最后的胜利。这种竞赛方法，适用于比赛队数多、比赛期限短、对名次要求不甚严格的竞赛。这种竞赛方法虽然体现了"优胜劣汰"的原则，但就整体比赛而言，它出现胜负的偶然性较大，合理性较差，而且球队参加比赛的机会少。因此，重大篮球竞赛已较少单独使用这种方法。淘汰制分为单淘汰制和双淘汰制两种。

1. 单淘汰法

单淘汰法是参加比赛的队经过一次失败后，即被淘汰。这种竞赛方法，最终可决出冠、亚军，但不能决出其余名次。

单淘汰制的编排方法如下：首先根据参加比赛的队数制定比赛轮次表，然后经各队抽签，再将队名填入相应的表内。例如：有 8 个队参加比赛，其轮次表如下所示。

第一轮获胜的队进入第二轮，第二轮获胜的队进入第三轮，最后决出优胜队。胜队为冠军，负队为亚军。

如果参加比赛的队不是 2 的乘方数（4、8、16、32…），第一轮比

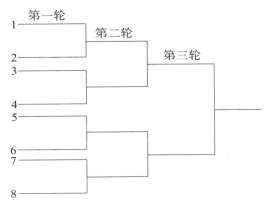

赛中就会有一些队轮空。在编排上要使第二轮比赛的队数为 2 的乘方数。例如：有 11 个队参加比赛，其轮次表如下表。

第一轮有 5 个队轮空，第二轮为 2 的乘方数。

单淘汰法的比赛方法是不完全符合"公平竞争"原则的，如果两个强队在第一轮相遇，势必有一个被淘汰。为了克服这一缺陷，就要先把"种子队"放在轮次表的适当位置。如果设 2 个"种子队"，应分别排在轮次表的最上边和最下边。如果设 4 个"种子队"，应分别排在两个半区的最上边和最下边。如比赛需要有轮空，则"种子队"在第一轮中优先轮空为好。

单淘汰制只能确定冠、亚军，如果需要确定其余名次，应进行附加赛。如将第二轮失败的两队再进行一次比赛，则胜者即为第 3 名，负者为第 4 名。第一轮比赛的负队进行附加赛，可以确定第 5～8 名。

2. 双淘汰法

双淘汰法是参加比赛的队经过两次失败后即被淘汰。这种竞赛方法，给比赛队增加了竞争的机会，从而减少了比赛胜负的偶然性。

双淘汰制的编排方法基本上和单淘汰制相同，只是进入第二轮后，失败的队还要进行比赛，再失败的队则被淘汰。如有 8 个队参加比赛，除了冠、亚军外，其余的名次可根据在比赛中获胜的次数来确定（多者名次列前）。如果两个队获胜的次数相等，则两队之间比赛获胜者名次列前。如果这两个队之间没有比赛，则名次并列。另外，也可采用附加赛的办法决定其余名次。

## 混合法

循环法和淘汰法都有其自身的优缺点，如果将其混合起来使用，就会扬长避短，相辅相成，取得较好的效果。混合制就是在同一竞赛中分阶段采用循环制和淘汰制的竞赛方法。

混合制可以先在第一阶段预赛中采用分组循环法，第二阶段决赛中采用淘汰法，或者相反，在第一阶段预赛中采用淘汰法，在第二阶段决赛中采用循环法。任何一种赛制或方法的优缺点都不是绝对的，如其符合竞赛的目的、性质、队数、时间、场地等需要，就是相对正确和先进的。

若从正式的重大的篮球竞赛来看，采用混合法的居多。如 1997～1998 希尔顿中国男子篮球甲 A 联赛，就是在第一阶段预赛中采用主客场制进行双循环比赛，按积分排列出 12 个队的全部名次。第二阶段决赛中，是将预赛的前 8 名进行主客场制的交叉淘汰制。取得获胜场次后不再比赛，1/4 决赛和半决赛的负队不再进行比赛。预赛 9～12 名的队进行双循环主客场比赛，重新决出名次。

# PART 13 重要赛事

经过多年的发展，篮球运动已走向世界，成为世界性的运动。篮球赛事也走出国门，走向世界，变得国际化。如今，大大小小的赛事在世界各地不断进行。这些丰富的赛事极大地丰富了人们的生活，人们从中得到了极高的享受，同时这些赛事也推动了篮球事业不断向前。

## 奥运会篮球赛

奥运会篮球赛是奥运会的重要比赛项目之一，每4年举行一次，包括男篮和女篮比赛。1904年，在美国举行的第3届奥运会上，篮球运动作为表演项目首次出现在奥运会上。1936年第11届奥运会上，男子篮球被列为奥运会的正式比赛项目，而女子篮球到了1976年第21届奥运会上才被列为正式比赛项目。1992年第25届奥运会上，允许职业篮球运动员参赛。以乔丹、约翰逊为代表的美国"梦之队"以现代篮球技巧表演，精练、多变、实用的战术打法，为奥运会篮球赛增添了新的活力，使之成为篮球运动的重要赛事之一。

美国国家篮球队代表了美国篮球的最高水平，被称之为美国"梦之队"。美国国家男子篮球队被冠以"梦之队"这个称呼，是从1992年开始。1988年，大卫·罗宾逊挂帅的美国国家队最后一次以大学生班底出战，兵败汉城奥运会。这使美国篮协决定组建以NBA球员为班底的国家队，以显示美国在世界篮球界的地位。于是，1992年，美国篮协找齐了NBA当时最杰出的球员们，组建了公认为史上最杰出的球队。在1992年巴塞罗那奥运会上美国队以超群的实力、技艺化的表演，没

美国"梦之队"

有悬念地取得了 8 场比赛的胜利，被人们称为"梦之队"。

奥运会篮球竞赛办法：上届奥运会的前 3 名，奥运会预选赛前 3 名，亚洲、非洲、欧洲、美洲、大洋洲各洲的冠军队和东道主队参加比赛。奥运会篮球比赛一般分为预赛、复赛、决赛三个阶段进行，预赛通常采用分组单循环，复赛与决赛多采用交叉赛。

中国队在奥运会男子篮球比赛中获得最好成绩是在第 26 届和第 28 届奥运会上取得第 8 名。中国女篮参加了第 23 届至第 25 届的奥运会篮球赛，最好成绩是在第 25 届奥运会上取得了亚军。

# 世界篮球锦标赛

世界篮球锦标赛是国际篮球联合会主办的世界性篮球比赛，一般是每 4 年举行 1 届。世界篮球锦标赛共有 5 个世界锦标赛：世界男子篮球锦标赛、世界女子篮球锦标赛、世界青少年篮球锦标赛、世界男子轮椅篮球锦标赛、世界女子轮椅篮球锦标赛。

世界男子篮球锦标赛始于 1950 年，首届男篮世界锦标赛在阿根廷的布宜诺斯艾利斯市举办。该赛事在每两届奥运会举办的间隙组织举办，各国都派出实力最强的队伍参赛，使比赛显得异常精彩、激烈。世界男篮锦标赛的影响力必将越来越大，将会成为世界上最有吸引力的体育赛事之一。世界女子篮球锦标赛比赛始于 1953 年。

从 2006 年开始，参加世界锦标赛的球队由原来的 16 支增加到 24

支（世锦赛举办国、上届奥运会冠军、五大洲的冠军将自动获得参加世锦赛的资格）。比赛分为预赛、复赛、决赛三个阶段，预赛分为 4 个组，各组前 3 名获得出线权，后 3 名被淘汰。出线的 12 支球队又分成 2 个小组进行复赛，每个小组的 1、2 名参加 1～4 名的决赛；3、4 名参加 5～8 名的决赛；5、6 名参加 9～12 名的决赛。

我国男篮于 1978 年首次参赛，中国女篮 1983 年首次参赛。男、女篮的最好成绩都是 1994 年第 12 届世锦赛上取得的，男子第 8 名、女子第 2 名。

世界青年男子篮球锦标赛始于 1979 年，每 4 年举行一届，一般为 14 个队参加，由国际篮球联合会所属各洲和地区成员国的冠军队参加。比赛办法：预赛为 3 个组，各组的前两名与上届冠军队和主办国队进入决赛阶段，争夺 1～8 名；预赛各组的第 3、4 名，进入争夺 9～14 名的名次赛。

世界青年女子篮球锦标赛是最高水平的青年女子篮球比赛，每 4 年举行一届，始于 1985 年。参加队为各大洲的青年女子冠军队，主办国特邀队和东道主队。运动员均为 20 岁以下的青少年。

# NBA 美国联赛

NBA 是美国第一大职业篮球赛事，是世界公认水平最高、最受关注的篮球联赛，它云集了美国国内和世界各国最优秀的篮球运动员。共有 30 支队伍参与角逐，各场赛事竞争激烈，深受全球各地球迷关注，已成为风靡全球的体育赛事。

NBA 早在 1946 年成立，当时其名称为 BAA（全美篮球联盟），1949 年 BAA（全美篮球协会）与 NBL（美国篮球联盟）合并，成为 NBA 的雏形。1971 年至 1972 年秋季，NBA 把秋季球赛扩展为 4 个赛区比赛（太平洋区、大西洋区、中央区、中西区），即现今的赛区形式。

NBA 受到全世界瞩目与其成功的商业运作有很大的关系。早在

1973 年 NBA 就走上了电视,由美国哥伦比亚广播公司（CBS）买下了3 年的播映权。如今,各国的转播权、品牌代言人等,使得 NBA 已不再是单纯意义上的体育比赛,而是代表了一种体育文化。

NBA 征战

NBA 竞赛是将比赛分成常规赛和季后赛两个阶段。常规赛从每年的11 月初开始,至次年 4 月20 日结束。季后赛从 4 月下旬开始,到 6 月下旬决出总冠军为止。第一轮采用 5 战 3 胜制,第二、第三轮（东西部联盟半决赛和决赛）和 NBA 东、西部总决赛均采用 7 战 4 胜制。

# NBA 全明星扣篮大赛

NBA 全明星扣篮大赛为 NBA 全明星周末的重要比赛项目,从 1984年开始设立。在 1984 年之前,NBA 全明星赛只有一样内容,那就是东西部全明星对抗赛。到了 1984 年,扣人心弦的扣篮大赛第一次跨入全明星赛的行列,由此全明星赛也发生了质的飞跃,全明星周末的概念也由此形成。

从 1994 年开始,参加扣篮大赛的队员总共为 4 人,根据抽签决定出场次序。首轮每人灌篮三次,总分最高的三名队员晋级决赛,得分最高的在决赛中可以最后出场。决赛阶段每人扣两次,得分最高的为冠军。

在 2007 年,为了扣篮大赛更加公平公正,大赛引进了新的规则,要求参赛选手的一个扣篮动作必须在两分钟内完成。2008 年扣篮大赛又有了新规则。首轮,四名队员轮流扣篮,评委打分。每名评委给某一球员的某一次扣篮动作的满分为10 分，五名评委给出的最高分总和最多为 50 分，这样的扣篮通常被称为"完美之灌"。首轮两次扣篮，单人最高得分为 100 分，最低为 60 分。如果扣篮失败有机会补扣一次，但已经扣进的球不得再进行补扣。根据新的规则，2008 年球迷将直接决定最后冠军谁属。在 2008 年的全明星扣篮大赛上，评委只有决定进入决赛队员的权力。在进入最后决赛后，首轮得分较低的队员先

NBA 全明星扣篮大赛精彩瞬间

出场，两人轮流扣，分别完成两个动作后，球迷可以通过手机短信，以及在 NBA 官方网站上投票的方式，最终决定冠军归属。在决赛中，评委的投票和球迷的投票没什么两样。

# 美国大学生联赛

美国大学生联赛是美国大学生联盟锦标赛的简称，英文字母简称为 NCAA。它是由全美国千百所大专院校参与结盟的一个协会，其中篮球锦标赛创立于 1938 年。在美国最早的大学篮球联赛是长春藤大学联盟，于 1901 年举行。

NCAA 的一级大学男子篮球赛约有 300 多所大学参加，分 32 个赛区进行常规赛。球队除了要在本区进行主客场比赛外，区与区之间也要比赛，主要是球队自身来选择对手。由于 NCAA 有 300 多支队伍，不能像 NBA 那样全部对赛，所以出现的资格是根据区内的成绩及 NCAA 评选委员会选出。每个区冠军获得自动晋级 64 强的资格，余下的名额由

评审委员会根据球队在常规赛和跨区比赛中的表现商议选出。

NCAA 的 64 强赛于每年 3 月举行，此时比赛进入高潮，通常被称为"疯狂三月"。64 支队伍分为 4 个区进行淘汰赛，产生 16 强，继而再产生 4 强。最后，4 强球队集中在一个城市进行决赛。

# 欧洲篮球联赛

欧洲的篮球联赛是除美国 NBA 联赛外水平最高的篮球联赛，分为男子联赛和女子联赛。其中，男子篮球的联赛就有卡拉奇杯、冠军联赛、俱乐部联赛等，女子篮球也有几个联赛。由于近年来国内媒体一直偏重于介绍 NBA 联赛，对欧洲的联赛介绍较少，关注欧洲联赛的人也较少。但是欧洲联赛培养了许多优秀球员，也向 NBA 输送了许多优秀球员，使 NBA 逐渐走向国际化。

# 世界大学生夏季运动会篮球比赛

由国际大学生体育联合会主办，是只限大学生参加的国际性大学生运动会的比赛项目之一。原则上每 2 年举行一届。参加队为世界部分国家的大学生男、女篮球代表队。

# 世界中学生篮球锦标赛

世界中学生篮球锦标赛是国际中学生体育联合会主办的单项国际比赛之一。国际中学生体育联合会于 1972 年在卢森堡成立，总部设在奥地利，现有 28 个会员国及 3 个会友，是独立的综合性国际体育组织。中国中学生体育协会于 1974 年被接纳为会员，1978 年当选为执委。

# 亚洲运动会篮球比赛

亚洲运动会篮球比赛是亚洲运动联合会主办的综合性运动会，始于 1951 年，每 4 年一届，男篮比赛在 1951 年举行的第 1 届亚洲运动会上就被列入正式比赛项目。女子篮球比赛项目是在 1974 年举行的第 7 届亚洲运动会上被列为比赛项目。

# 亚洲男、 女篮球锦标赛

亚洲男、女篮球锦标赛是亚洲篮球联合会主办的洲一级比赛。亚洲男子篮球锦标赛始于 1960 年，首届比赛在菲律宾马尼拉举行。亚洲女子篮球锦标赛始于 1965 年，首届比赛在韩国汉城举行。

# CBA 职业篮球联赛

中国男子篮球甲 A 联赛简称 CBA 联赛，是由国家体育总局篮球运动管理中心主办，为中国最高水平和最大规模的篮球赛事。CBA 联赛是在 1954 年建立的全国联赛基础上，于 1995 年起进行了一系列改革措施，使其开始向职业化方向发展，并允许球队聘请外国球员加盟。1995 年初，我国首次进行了甲级队男蓝八强主客场制比赛。随着主客场制的实行、外围球员的引进以及转会制度的实施，推动了中国篮球运动改革向纵深发展。1995 年初，我国首次进行了甲级队男篮 8 强主客场制比赛。随着主客场制的实行、外援的引进以及转会制度的实施，推动了中国篮球运动改革向纵深发展。在此基础上，中国篮协于 1995 年 10 月 21 日召开会议，正式推出了与国际接轨的赛季甲级联赛——CBA 和 WC-BA。

CBA 联赛分为三个阶段进行：第一阶段叫常规赛，分为南、北两区，每区七支队，采用本区进行主客场四循环和另区进行主客场双循环，按总积分排出 14 支队名次和在本区的常规赛 1～7 名次。第二阶段叫分区决赛。第一阶段常规赛分区的前四名，进行主客场制的 3 战 2 胜交叉赛（常规赛名次列前的队多一个主场），决出分区的冠、亚军及 3、4 名。第三阶段为总决赛。第二阶段分区决赛的 1～4 名，进行主客场制交叉淘汰赛（分区决赛名次列前的队多 1 个主场）。取得获胜场次后不再比赛。1/4 决赛和半决赛采用 5 战 3 胜制，总决赛采用 7 战 4 胜制（1/4 决赛和半决赛的负队不再进行比赛）。

首届 CBA 联赛于 1995 年 12 月至 1996 年 4 月举行，有 12 支队伍参加，采用主客场制，分预赛、决赛两个阶段。

# WCBA 女子篮球甲级联赛

WCBA 中文意思是中国女子篮球协会。WCBA 女子篮球甲级联赛简称 WCBA 联赛。

随着全国男子篮球甲 A 联赛的迅速发展，女子篮球联赛赛制制度改革也逐渐开始。2002 年 2 月正式拉开序幕，它标志着女子篮球甲级联赛正式由赛会制走向赛季制。主客场联赛的实行，不仅增多了女篮比赛的场次，而且活跃了市场，极大地促进了中国女子篮球运动的发展。

WCBA 联赛分为预赛和决赛两个阶段。预赛前 8 名的球队进行主客场 3 战 2 胜交叉淘汰（预赛在前的队多安排一个主场）；1/4 决赛、半决赛的胜队进行主客场 3 战 2 胜交叉淘汰，取得获胜场次后不再比赛；

1/4 决赛、半决赛的负队不再进行比赛。预赛 9～12 名的球队进行主客场循环赛。联赛采用升价级的方法，第 11、第 12 名的球队降为乙级球队，参加每年一次的全国女子乙级联赛。

# 全运会篮球比赛

全运会篮球比赛是中华人民共和国全国运动会的主要竞赛项目之一，每 4 年举行一届，始于 1959 年。参加队主要为全国各省、市、自治区和解放军的男、女篮球代表队。

比赛分预赛和决赛两个阶段；预赛一般分 4 个赛区，采用单循环制进行比赛，各赛区男、女队的前 3 名参加决赛。决赛一般分两个阶段进行，第 1 阶段采用分组单循环制进行比赛（其中第 4 届增加了附加赛），第 2 阶段采用名次交叉赛分别决出 1～4 名、5～8 名和 9～12 名的名次。

# CUBA 大学生篮球联赛

CUBA 中文意思是中国大学生篮球联赛。CUBA 大学生篮球联赛是在国家教育部全国大学生体育联合会领导下，在中国篮球协会指导下进行的赛事活动，是中国体育史上第一个面向高校、面向社会，以培养高素质、高水平篮球人才为目标，采取社会化、产业化运作模式的大学生专项运动联赛。1998 年正式开赛，联赛的宗旨是"发展高校篮球，培养篮球人才"。

CUBA 大学生篮球联赛分三个阶段：预选赛、分区赛、八强赛。每年 9～11 月，各省、自治区、直辖市、特别行政区在当地教育行政部门、大学生体育协会、大学生篮球协会的领导下，以学校为单位组织预选赛。各地区预选赛男女组冠军队自动获得分区赛参赛资格，目前全国共有 29 个省级行政区定期组织 CUBA 预选赛。次年 3～4 月，顺次进行东南、西南、西北、东北 4 个分区的比赛，采取先小组单循环比赛，后交叉淘汰的赛制；次年 4～6 月，分别进行女子八强赛和男子八强赛，女子八强赛，采取赛会制，先通过单场淘汰决出两支进入总决赛的队伍，总决赛采取主客场两回合制。如赛会承办单位进入总决赛，则第二场决赛移师客队所在地，否则第二场比赛主场权由进入总决赛的双方队伍抽签决定，男子八强赛，每一回合均采取主客场两回合制。

第 10 届 CUBA 大学生篮球联赛

如果说 NBA、CBA 是以高水平的竞技吸引球迷，那么 CUBA 则是以浓郁的文化气息赢得观众。CUBA 提出篮球是智者的运动，大学生具有较高的文化层次、丰富的想象力和创造力，只要有足够的球场经验就一定能演绎"智慧篮球"的魅力。

CUBA 的主题口号大多语言生动、文字洗练、格调清新、寓意深刻，从各个角度折射出 CUBA 联赛的特色、主张和文化气息。如："上大学是我的梦想，打篮球是我的梦想，CUBA 是我圆梦的地方"；"领悟篮球、领悟体育、领悟文化"等。

CUBA 联赛的文化品位不仅仅体现在她的主体是一个高素质群体，更在于她把原汁原味的篮球文化和丰富多彩的校园文化融为一体，以赛事为平台，充分展示院校风采。可以说 CUBA 所到之处，不仅把校园篮球运动推向高潮，也为校园文化生活注入了新的活力，对校园文化建设有明显的促进作用。

# 斯坦科维奇洲际篮球赛

斯坦科维奇洲际篮球赛是由国际篮球联合会（FIBA）主席程万琦博士发起，为表彰国际篮联秘书长斯坦科维奇先生为国际篮球发展所做出的贡献，以斯坦科维奇先生名字命名而举办的比赛。同时，程万琦博士作为国际奥运会单项主席中唯一一位华人，为了帮助和推动中国篮球事业的发展，程万琦博士特决定将该项赛事在中国举办。2005 年，斯坦科维奇洲际篮球冠军杯比赛在北京市首次举办。2006年第二届斯坦科维奇洲际

**斯坦科维奇洲际篮球赛**

冠军杯比赛于 2006 年 8 月在江苏举行。2007 年斯坦科维奇洲际冠军杯赛在广州举行。2008 年在杭州举行。2009 年在昆山举行。2010 年在柳州举行。2011 年在海宁、广州两地举行。2012 年在广州举行，这一年，我国篮球队获得了冠军。

# PART 14 礼仪规范

篮球运动是一项对队员综合素质要求高的现代运动项目，参赛队员和观赛人员的文明礼仪是圆满开展一次现代篮球运动必不可少的组成部分。没有讲究文明的队员和观众就不会有一场文明的现代化篮球比赛。因此，在比赛中，对参赛队员（包括随行人员）和观众做出礼仪方面的要求是必须的，同时也是合理的。

## 参赛礼仪

按照篮球协会的相关规定，在国际重大篮球赛事中，每个球队的队员服装应按下列要求配备：

（1）背心前后的主要颜色相同。

在比赛期间，所有队员（男性和女性）必须把他们的背心塞进他们的比赛短裤内。一体的服装是允许的。

（2）圆领衫（不管式样）不可以穿在背心里面，除非该队员有明确的医生书面证明。如果有这样的许可，圆领衫的颜色必须和背心的主要颜色相同。

（3）短裤前后的主要颜色相同，但可以不和背心的颜色相同。

（4）允许穿长于短裤的紧身内裤，但是要和短裤的颜色相同。

每位队员应穿前后有号码的背心，其清楚的单色号码与背心的颜色有明显的区别。号码要清晰可见，并且：

（1）后背的号码至少高 20 厘米。

（2）前胸的号码至少高 10 厘米。

（3）号码的宽度应不少于 2 厘米。

（4）球队应使用 4～15 的号码。

（5）同队队员不得使用重复的号码。

允许上广告的地方应遵守各自比赛的规程规定，并不得干扰背心前后号码的可见性。

另外，为保护其他队员受伤，篮协对参赛队员佩戴的物品也作了规定。

（1）不允许带上场的物品：

手指、手、手腕、肘或前臂部位的护具、模件或保护套，它们由皮革、塑料、软塑料、金属或任何坚硬的物质制造，这类护具即使表面有软的包扎，也是不允许被带上场的。能割破或引起擦伤的装备也在被禁止在内的。另外，头饰、头发饰物和珠宝饰物也是不允许带上场的。

（2）允许带上场的物品：

①肩、上臂、大腿或小腿部位的保护装备，如果其材料被包扎，不会使其他队员受伤。

②被适当包扎的膝部保护架。

③断鼻保护器，即使用硬质材料制成。

④不会对其他队员造成危险的眼镜。

⑤头带最宽为 5 厘米，由不会发生擦伤的单色棉布、软塑料或橡胶制成。

队员使用的所有装备必须合乎篮球比赛要求。任何被设计成增加队员的高度或能及的范围，或用任何其他方法得到不正当利益的装备，都是不允许的。

本条中没有明确提到的任何其他装备，必须首先得到国际篮联世界技术委员会的批准。

# 观赛礼仪

无论观看国内比赛，还是国际比赛，都要力争做一名文明观众，通常需要注意以下事项：

（1）进出场地要有序，一般要提前到达场地，这是对运动员、教练员和裁判员以及其他工作人员最起码的尊重。玻璃瓶、易拉罐饮料不允许带进赛场，只能带软包装饮料进入球场。

（2）衣着要整洁、大方。进入体育馆后，不要吸烟。在比赛中，不要随意走动；手机要关机或设置在振动、静音状态。

（3）在比赛入场仪式上，当现场主持在逐一介绍双方比赛队员时，要为每一位球员鼓掌。在升参赛国国旗、奏参赛国国歌时，观众应该起立行注目礼。比赛结束后，还可能会进行颁奖仪式，观众应等场内所有仪式全部结束后再离场。

（4）比赛中，在为己方球队加油助威时，不要使用带有侵犯对方球队的语言。要为双方的精彩表演鼓掌，不要利用嘘声影响比赛、打压对手；不要冲着啦啦队队员指手画脚，也不要使用带有挑衅性的肢体语言。

（5）进行良好的互动。良好的互动是篮球场上必不可少的，它可以激起运动员的热情，使其更好地投入比赛。观赛过程中，可以随场馆内的背景音乐为双方的运动员加油呐喊。

（6）爱护场内公共设施。公共设施是比赛正常顺利进行的一项必要保证。爱护公共设施既是一项要求，也体现了你的文明素质。

# PART 15 明星花絮

任何一项运动，都少不了明星。少了明星的运动不会成为世界性运动，少了明星的运动如同失去了动力的轮船，终究会搁浅的。运动正是由于有了这些家喻户晓的大明星的参与，才充满了魅力，充满了激情。他们的一言一行不但关乎自己，更关乎所从事的运动。他们是运动的天然代言人。

## 规则为威尔特·张伯伦改

威尔特·张伯伦，1936 年 8 月 21 日出生，身高 2.16 米，1959 年毕业于美国堪萨斯大学。他有着出色的身体条件。他的出众天赋，使得他还在堪萨斯大学学习期间，美国大学篮球不得不为他改变了几条规则：将 3 秒区扩大，进一步严格控制对投篮的干扰，修改发边线球和罚球等。据说，在张伯伦代表堪萨斯大学参赛时，他的队友通常只要把球往篮圈的方向抛去，张伯伦就能跳起空中接力灌篮。因为对手完全无法防守他，大学联赛组织者只好规定，张伯伦在比赛中不得用手碰篮圈。

张伯伦进入奥运会后，为了限制他在篮球下的威力，NBA 再次将 3 秒区加宽至 16 英尺（合 4.87 米），这就是现在我们的 3 秒区外侧的两块长条。与此同时，张伯伦在比赛时是对方球队的重点防守对象，防守手段无所不用，但这仍然无法阻挡张伯伦不断地得分和抢篮板球。大学期间，许多学校不得不用尽量控制球的战术来限制张伯伦的进攻和抢篮板球。

1956年张伯伦加盟NBA的费城
武士队（后转会至湖人队），开始了
他传奇式的职业生涯。张伯伦常守候
在罚球区外，接到队友的传球后一个
跨步冲击篮下——得分，他把这招用
得炉火纯青（平均每场比赛得37.6
分）。为此，NBA只得在张伯伦加盟
联赛后的第二年将罚球区宽度改为
4.8米。原来设置3.6米罚球区的初
衷，是为了限制NBA史上第一个划时
代的中锋——乔治·麦肯。但不曾想，
张伯伦再多跨一步，照样轻易得分。
他于1967年、1969年两次夺得NBA
总冠军，但他所取得的战绩却很少有

篮球之神：威尔特·张伯伦

人接近：连续7次成为NBA得分王，1968年还当了一回NBA助攻王。
在1961至1962年赛季，他创下单季获4029分的得分记录，在82场比
赛中平均每场得分50.4分，在1962年3月2日，张伯伦在与纽约尼克
斯队比赛中一人得了100分，以后再也无人能够接近这个记录。他共有
5次单场比赛得分超过70分。至今，张伯伦还保持着23924个篮板球的
NBA纪录。他是第一个突破得分3万分大关的NBA球员。在他14年的
NBA生涯中，共得了31419分。另外，张伯伦还拥有连续18次投篮命
中率和单场比赛抢得55个篮板的记录。总之，他以完美的表现赢得了
球迷的热爱，是美国篮球历史上第一位全才明星。1978年，他入选美
国篮球名人堂。

# 最佳全能奥斯卡·罗伯特森

奥斯卡·罗伯特森是名后卫，绰号"大O"。1938年11月24日出

生于美国田纳西州夏洛特市，身高 1.96 米。1956～1960 年就读于辛辛那提大学，1960 年被辛辛那提皇家队（现国王队前身）选中而加入 NBA，为皇家队效力 10 年后于 1970 年被交换到雄鹿队，直至 1974 年退役。

罗伯特森在 NBA 中的记录是这样的：参赛 1040 场；总得分 26710 分，历史总排名第 10 位；（常规赛场均 25.7 分，季后赛场均 22.2 分）；总篮板 7804 个（场均 7.5 个）；总助攻 9887 次（场均 9.5 次），历史排名第六；6 次联盟助攻王（1960 年～1962 年、1963 年～1966 年、1968～1969 年赛季）。1961 年 NBA "最佳新人"；9 次入选 NBA 最佳阵容；夺得一次 NBA 年度 MVP 和全明星赛 MVP 以及一次 NBA 总冠军。1980 年，入选美国篮球名人堂。

如果评选篮球的最佳全能，那么奥斯卡·罗伯特森当之无愧（可能是

运球中的奥斯卡·罗伯特森

这个称号的唯一拥有者）。在他职业生涯第二年开始，他在球场上简直成了无所不能的人。

"在我的心目中，最伟大的篮球运动员既不是乔丹，也不是'魔术师'约翰逊，而是罗伯特森。"篮球之神张伯伦如是说。

# 迈克尔·乔丹的惊人一跃

乔丹 1963 年 2 月 17 日出生于布鲁克林，身高 1.98 米，后卫，1984 年入选 NBA。乔丹曾就读于北卡罗莱纳州雷尼中学，他童年的梦

想是成为棒球巨星，读中学时的他棒球、橄榄球及田径都很出色，尤以棒球最佳，曾经担任校队投手，参加了州联盟比赛并获得冠军。随后，乔丹进入北卡罗莱纳大学学习。1982年随北卡罗莱纳大学夺得NCAA冠军。1984年，还是大学三年级学生的乔丹，以首轮第3位被芝加哥公牛队相中。

1984～1985赛季，刚刚在NBA征战一年的乔丹就被评为NBA最佳新秀。在1984年的洛杉矶奥运会上，乔丹作为队长率领美国大学生队夺得男子篮球冠军。1987年和1988年两次获得全明星赛扣篮大赛冠军，他经典的罚球线起跳扣篮，展示了人类也能飞。由此人们都称他为"飞人乔丹"。他带领公牛队在1991、1993年取得了第一个三连冠，开创了公牛王朝。1992年入选"梦之队"，并获得巴塞罗那奥运会男篮冠军。在1993年之前，他已获得了3次赛季和总决赛最有价值球员，1次NBA年度防守球员，7次NBA第一队和6次NBA防守第一队，9次入选全明星阵容。在1991～1993年率公牛队完成了NBA总冠军"三连冠"霸业，乔丹随后宣布退役，1995年3月19日，在美国亿万观众毫无准备的情况下，ABC、CBS、NBC、CNN和几乎全美国的主要电视台都停止了正常播放的节目，屏幕上出现了几个大字："I AM BACK！MI-CHAEL JORDAN（我回来了！迈克尔·乔丹）"16000名观众人声鼎沸。球迷挥舞着手中的彩旗，不停地叫喊："飞人！飞人！"已经离开球场17个月的迈克尔·乔丹再次回到了属于他的舞台。1996年3月18日，乔丹在对费城76人队的比赛中使自己职业生涯总得分达24000分，成为公牛队历史上得分最高的人。在1996年，他率领芝加哥公牛队第4次夺得了总冠军，同时，芝加哥公牛队以70胜12负的战绩刷新了NBA的历史记录，而乔丹本人则第8次获"得分王"称号，并且将常规赛MVP（最有价值球员）、全明星赛MVP、总决赛MVP全部囊括怀中。同时开创了公牛队第二个三连冠。1998年，他成为了继贾巴尔、张伯伦后第三位得分突破29000分的球员。1999年1月13日，乔丹宣布正式退役，他的23号球衣也在联合中心体育馆永久退役。

2000年乔丹正式宣布成为华盛顿奇才队的新老板。2001年再度复出，加入华盛顿奇才，打了两个赛季，期间均入选了全明星阵容。2002～2003

赛季结束后，第三次宣布退役。2006 年成功购入夏洛特山猫队的股份，成为其中第二大股东。

　　乔丹是 20 世纪最伟大、最杰出的篮球明星。乔丹开创了一个 NBA 的新时代，使 NBA 成为了世界上最具有欣赏性的竞技运动之一。这位篮坛奇才的凌空飞翔，将篮球带入了一个梦幻般的神话世界。如果说当年的张伯伦是上帝派到人间的篮球之神，那么用"大鸟"伯德的话说，"乔丹就是穿着芝加哥公牛队 23 号球衣的上帝本人"。乔丹以他超人的弹跳、犀利的突破、准确的后仰跳投和极好的防守构成新一代"篮坛完人"的形象，特别是他在球场上勇往直前的求胜精神和在关键时刻的一锤定音谱写着"乔丹神话"。

单手扣篮的乔丹

# 贾巴尔优雅的勾手投篮

　　阿卜杜勒·贾巴尔是 NBA 史上一个不朽的传奇。1989 年，当贾巴尔以 42 岁的高龄告别篮坛的时候，他在 NBA20 年的征战给后人留下了一大摞至高无上的纪录。他那优雅犀利的侧身勾手投篮更成为 NBA 史上前无古人、后无来者的绝唱。"天勾"的雅号在全世界篮球爱好者中人人知晓。

　　1947 年贾巴尔出生于纽约市，原名卢·艾尔辛多尔。小时候，他因为鹤立鸡群而被孩子们视为怪物。上初中时，他为了掌握勾手投篮的技术，常常在体育馆内摸黑练习，至今 NBA 没有人在这项技术上超过他。高中时，他带领校队夺得全国冠军，而后一帆风顺地进入全美篮球名校——加州大学洛杉矶分校（NCLA）。结果，在 1967、1968 和 1969 年连续 3 年，NCLA 都轻松夺得美国大学篮球比赛冠军。而贾巴尔本人也获得 3 次全美大学最佳选手称号。

1969 年夏，贾巴尔被密尔沃基雄鹿队在第一轮首位选中。当年贾巴尔就使雄鹿队的战绩由第一年的 27 胜 55 负提升为 56 胜 26 负。贾巴尔刚出道就成为 NBA 中最有实力的新一代中锋。他的平均每场 28.8 分的得分和平均每场 14.5 个篮板球分别排在全联盟的第二和第三位。1971 年，他和 31 岁的老将罗伯特森一起带领雄鹿队以 4∶0 横扫洛杉矶湖人队；夺得他本人和雄鹿队的第一个 NBA 冠军。在雄鹿队的 6 年，他 4 次当选最有价值球员，形成他篮球生涯中的第一个高峰。1976 年 6 月 16 日，贾巴尔转会到湖人队，在此效力 14 个赛季。1980 年，这名天才中锋和天才后卫"魔术师"约翰逊结合，此后为湖人队建立了近十年的霸主地位，并在 1980、1982、1985、1987 和 1988 年五夺 NBA 总冠军，贾巴尔又两次当选 NBA 最有价值球员，开创了他篮球生涯的第二个高峰。

优雅"勾手"

贾巴尔除了继承传统中锋的强健之外，还显示了以前中锋少有的灵敏、优雅和多才多艺。在篮球历史上还没有一个人可以像他一样如此长时间和如此广泛地统治着篮球赛场。他在 20 年 NBA 的生涯中所获的荣誉，令任何其他职业篮球选手都难以企及：最佳新人奖、6 次 NBA 总冠军、6 次 NBA 最有价值球员奖、19 次参加 NBA 全明星赛、2 次得分冠军、8 项 NBA 季后赛纪录和 7 项全明星纪录。

在他 1989 年退役时，有 9 项主

要的统计数据名列 NBA 第一：总得分 38387 分，比排在第二的张伯伦高了 7000 多分；共打了 20 个赛季，5762 分的季后赛得分，6 次最有价值球员称号，57446 分钟的上场时间，参赛 1560 场，28307 次出手投篮，15837 次命中，3189 次盖帽。这些都印证了他在 1971 年，因为由天主教改信奉伊斯兰教而改了自己的名字为卡里姆·阿卜杜·贾巴尔的含义——"强大的英雄"。

在贾巴尔的时代，比他年轻 10 岁的运动员也不如他那样在比赛中体力充沛，即使后来有人在体力上超过了他，但是也没有人能在勾手投篮这项优雅又实用的投篮技术上超过他，而且至今也没有。

# 埃尔文·约翰逊魔幻般的变幻

自篮球运动诞生以来，20 世纪 80 年代，又有一位篮球天才横空出现了，他就是"魔术师"约翰逊。他用令人惊叹的球艺彻底改变了篮球的面貌，他将更多的理念、智慧和技巧带到了篮球场上，使这项运动的观赏性和竞争性都上升到一个新的高度。而"魔术师"约翰逊前所未有的新打法，更使篮球运动的组织后卫发生了一场影响深远的革命。

埃尔文·约翰逊身高 2.06 米，体重 100 千克。在 1979 年以第一轮第一位入选 NBA 洛杉矶湖人队。在他加入湖人队的第一个赛季就帮助球队夺得 1980 年的 NBA 总冠军。当时在 7 战 4 胜的总决赛中，湖人队和费城 76 人队打成了 3∶2 后，湖人队主力中锋"天勾"贾巴尔严重扭伤了脚，结果在第 6 场比赛中，20 岁的约翰逊接替贾巴尔站到了中锋的位置上。那场激战中，年轻的约翰逊独得 42 分，夺下 15 个篮板球，还有 7 次助攻和 3 次抢断，整个体育馆成了"魔术师"一人的表演舞台。他带领全队击败了 76 人队，夺得了他第一个 NBA 总冠军戒指，同时也获得了总决赛最有价值球员的称号。

1959 年埃尔文·约翰逊出生于密歇根州的兰辛市。约翰逊从小就入迷似的苦练篮球，在他上中学的时候，就因为出色的篮球技术被当地报纸的记者称为"魔术师",以至后人忘了他的真实名字。

"魔术师"约翰逊在 NBA 生涯中得过 3 次最有价值球员奖（1987、1989、1990），在 1980、1982、1985、1987 和 1988 年 5 次为洛杉矶湖人队夺得 NBA 总冠军。

约翰逊是 NBA 历史上最高的组织后卫，他技术极为全面，可以胜任场上任何一个位置，是一个全能的球星。他的推进速度极快，传球的技巧变化多端，常常为队友创造出十分舒服的进攻机会。特别是他能像下盲棋一样打篮球，在根本不看队友的情况下也能将球传到处于投篮位置上的队友手中。他是一名将激情和理智、表演和实战完美结合起来的一名具有革命性的组织后卫，他不但能为队友制造进攻机会，而且自己也有犀利的得分

进攻中的"魔术师"埃尔文·约翰逊

能力。

1991 年，"魔术师"不幸感染上艾滋病，不得不告别 NBA。但是他没有在绝症面前屈服，他首先勇敢地面对这一残酷的事实，用自己的真诚和正直换来了人们的理解和尊重，继而继续从事篮球运动的训练和比赛，并且在 1992 年先后参加了东西部全明星赛和巴塞罗拿奥运会，并率领"梦之队"夺得男篮金牌。1997 年 3 月，经过检查之后，艾滋病病毒在他的体内几乎找不到了，他奇迹般地战胜了这一绝症。

# 科比·布莱恩特的 "杀手" 气质

科比·布莱恩特是 NBA 湖人队的现役球员，联盟最好的得分后卫，

攻守兼备。

科比·布莱恩特出生于 1978 年 8 月 23 日，父亲是曾效力于费城 76
人队的乔·布莱恩特。科比在意大利度过了 8 年的童年生活，会讲流利
的意大利语。回到美国后，就读于 Lower Merion 高中。他被美国《To-
day and Parade》杂志选为全美高中年度球员，而且同时获得了奈·史
密斯年度球员奖、佳得乐冠军巡回赛高中球员年度奖以及入选麦当劳全
美队。布莱恩特以平均每场 30.8 分、12 个篮板、6.5 次助攻、4 次盗球
的表现，带领 Lower Merion 高中以 31 胜 3 负的战绩取得 AAAA 级州冠
军。科比曾以 2883 分成为东南部宾西法尼亚州中学生历史最高得分王，
并打破了早期威尔特·张伯伦的 2359 分以及前圣约瑟弗队的卡林·沃
利的 2441 分。

1996 年，科比在第一轮被黄蜂队选中，随即交换到洛杉矶湖人队。
在 1997 年全明星赛上，科比夺得了扣篮大赛冠军。1998 年科比被票选
为全明星球员，打破了当时全明星最年轻球员的纪录。由于科比的体
型、身体素质、技术动作和球场能力颇像乔丹，所以人们都认为他将成
为乔丹的接班人。球技日益成熟的科比和超级中锋奥尼尔并肩作战，带
领湖人队夺得了 2000～2002 年 3 座
冠军奖杯，至今 8 次入选全明星赛。
本赛季（2005～2006 年），科比打破
了一系列的 NBA 纪录：包括超越张
伯伦、乔丹，成为历史上突破 16000
分大关的最年轻球员；打破了湖人前
辈埃尔金·贝勒连续 24 场得分超过
40 分的纪录。当然，最为惊人的是，
在 2006 年 1 月 22 日与猛龙一役创下
的单场 81 分神话，仅次于张伯伦，
被永久地载入 NBA 的史册。科比在
球场上具有天生的杀手气质，这也使
他成为了关键时刻绝杀对手的不二
人选。

科比·布莱恩特起跳投篮

# 乔丹第二： 勒布朗·詹姆斯

　　勒布朗·詹姆斯在篮球场充当小前锋角色，绰号詹皇。詹姆斯是 NBA 有史以来最为全能的球员之一。

　　1984 年出生于美国俄亥俄州阿克伦。在阿克伦詹姆斯进入了圣文森·圣玛丽高中，他在为爱尔兰人队打球的头一年就成为了先发球员。他场均得到 21 分和 6.2 个篮板，并且带领球队创下了 23 胜 1 负的佳绩，夺得州三级联赛冠军。第二年，詹姆斯场均得到 25.2 分、7.2 个篮板、5.8 次助攻和 3.8 次抢断。他带领球队获得 26 胜 1 负的战绩，蝉联了州三级联赛的冠军。他是有史以来第一位成为俄亥俄州篮球先生的高中二年级球员，也是第一个被选入《今日美国》全美第一队的高二球员。詹姆斯在他的高中第三年更上一层，再次成为当年的俄亥俄州篮球先生。

**勒布朗·詹姆斯招牌扣篮**

　　18 岁的詹姆斯在 2003 年 NBA 选秀中被克利夫兰骑士队在第一轮第一顺位摘下成为状元，这是继夸梅·布朗后，第二位 NBA 选秀会高中状元。在之后的 7 个赛季里一直效力于骑士队，并且打破了联盟一系列最年轻的纪录。2010 年，身为自由球员的詹姆斯加盟迈阿密热火队。2012 年，詹姆斯获得了个人第三座 NBA 常规赛 MVP，并夺得 NBA 总冠军和总决赛 MVP 以及奥运金牌，是自 1992 年的乔丹之后第一位达到这一成就的球员。

詹姆斯身高 2.03 米，体重 113 千克。拥有不错的速度、弹跳力和身体对抗能力，这使他有时能打到大前锋的位置，他主要的得分手段是切入上篮、扣篮。他还有出色的篮板以及助攻能力。此外，他的防守意识也相当不错。

詹姆斯有洒滑石粉的赛前仪式，这个动作能吸引众多球迷的目光，成为他的招牌动作之一。主场作战时常有几万名球迷一起洒粉，十分壮观。

# 第一名参加 NBA 的
# 中国球员： 王治郅

王治郅 1977 年 7 月出生于北京，绰号"追风少年"，场上角色是中锋、前锋。曾效力于中国国家队、八一双鹿火箭队、达拉斯小牛队等。是 20 世纪末 21 世纪初当之无愧的中国篮球第一人，被选为中国篮坛 50 杰出人物和中国申办奥运特使。1999 年 NBA 选秀第二轮被小牛选中，两年后成为中国第一名参加 NBA 赛事的球员。2 月 6 日，入选 2012 年 CBA 全明星首发阵容。

王治郅身高 2.14 米，体重 125 千克，技术水平出众，他将跑跳素质、超群身高和细腻篮球技术结合得炉火纯青。作为加盟 NBA 的第一人，王治郅曾

运球突破的王治郅

被美国球探誉为"世界范围内五十年一遇的天才",早在1996年亚特兰大奥运会上他就已经进入了小牛队球探的视野。

2000年,王治郅和姚明构成"移动的长城",在悉尼奥运会上,王治郅场均13.5分、5个篮板,是中国男篮的第一攻击手。当时姚明主要防守,王治郅主要进攻,王治郅内外结合的犀利球风展现无遗。2004年 王治郅转投迈阿密热火队。2006年,王治郅回国,重新回归中国男篮,在欧洲拉练对日本队的比赛中,王治郅拿下44分。随后在多哈亚运会上场均拿到19分,成为中国队夺冠的重要功臣。2012年 伦敦奥运会中国男篮结束了自己的比赛,王治郅也结束了自己的国家队生涯。

# 第一名在 NBA 首发的
# 中国球员: 巴特尔

**努力拼抢的巴特尔**

巴特尔全名是蒙克·巴特尔,内蒙古人,1975年出生于内蒙古自治区伊克昭盟(现内蒙古自治区鄂尔多斯市)杭锦旗。1990年,巴特尔入选北京一队,同年入选中国青年队,成为中国篮坛一颗耀眼的新星。1992年,18岁的巴特尔随中国队征战亚洲青年锦标赛,勇夺冠军。多年来,巴特尔转战场,勇不可挡,威风八面,为中国队夺冠立下汗马功劳。

2001年,巴特尔签约丹佛掘金队,成为我国第二位加盟NBA的篮球球员,第一个在NBA首发上场的中国球员。之后效力圣安东尼奥马刺，随队获得年度 NBA 总冠军，成为第一个获得该项荣誉的中国球员，后又效力于多伦多猛龙、奥兰多魔术、纽约尼克斯及 NBDL 亨特维尔飞行队，于 NBDL 效力合同期满后返回中国 CBA 联赛北京首钢篮球俱乐部打球。

巴特尔绰号大巴、巴神。身高 2.11 米，体重 132 千克。身体强壮，基本功扎实，篮板球卡位意识好，有外线 3 分能力，缺点是技术动作较慢，盖帽能力比较欠缺。

# 中国小巨人：姚明

1980 年 9 月 12 日生于上海的姚明身高 2.26 米，场上角色是中锋，绰号明王、移动长城、小巨人。姚明的父母都是篮球运动员，父亲姚志源身高 2.08 米，曾效力于上海男篮；母亲方凤娣身高 1.88 米，是 20 世纪 70 年代中国女篮的主力队员。在姚明的 4 岁生日时，他得到了第一个篮球。6 岁时看美国哈里篮球队在上海表演，知道了 NBA。9 岁那年，姚明在上海徐汇区少年体校开始接受业余训练。由于从小受到的家庭熏陶，他对篮球的悟性，逐渐显露出来。5 年后，他进入上海青年队；17 岁入选国家青年队；18 岁穿上了中国队服。

姚明强悍扣篮

在 18 岁入选中国国家篮球队之后，姚明的表现进一步成熟。在 2001 年的亚洲篮球锦标赛上，姚明每场贡献 13.4 分 101 个篮板和 2.8

次盖帽，投篮命中率高达 72.4%，帮助中国国家队夺得冠军；2000 年奥运会期间，姚明平均每场拿下 10.5 分和球队最高的 6 个篮板 2.2 次盖帽，他平均每场 63.9% 的投篮命中率也无人能比；在美国当地时间 2002 年 6 月 26 日的选秀大会上，休斯顿火箭队顺利挑到了中国的中锋姚明，他也成为联盟历史上第一个在首轮第一位被选中的外国球员；被选中的中国小巨人也成为联盟历史上最高而且是第二重的状元秀。在姚明加盟休斯顿火箭队之后，他成为继王治郅和巴特尔之后第三位登陆 NBA 的中国球员。

# PART 16 历史档案

篮球运动发展到现在，创造了许多辉煌，那些激动人心的时刻，至今想起来还令人兴奋不已。历史已经把这一切都悄然记录下来，让这一个个激动的瞬间成为永恒。翻阅这些历史记录，如同在看一个记录英雄的光荣榜。

# NBA 的光辉历程

### 第一场职业篮球赛

1896 年，美国第一个篮球组织"全国篮球联盟（简称 NBL）"成立，但当时篮球规则还不完善，组织机构也不健全，常常是一名队员在一个赛季中可以代表几个队参赛，经过几个赛季后，该组织就名存实亡了。

1898 年，美国新泽西州特伦顿的一支球队用 25 美元租用了当地一家礼堂比赛，并向观众售票。在赛后的分红中，队长库伯组织比赛有功，首先领到了 1 美元，然后每个队员都分到了 15 美元。全部收入为151 美元的这场"有偿篮球赛"被《大不列颠百科全书》认定为第一场"职业篮球赛"，而库伯则成为第一个从篮球比赛中得到收入的"职业选手"。这场比赛的真正贡献在于发现并实现了篮球的市场价值。25 美元里包含着一个投资与收益的关系。从 151 美元到 40 多亿美元。NBA运用的基本市场概念和原则与当年库伯租借礼堂的做法是一样的。

## 从 BAA 到 NBA

NBA 是 National Basketball Association 的缩写，中文意思是"国家篮球协会"。不过 1946 年 6 月 6 日 NBA 成立的时候并不叫这个名字，而是叫 BAA。BAA 是全美篮球协会（Basketball Association of America）。BAA 成立时一共有 11 支球队，如今 NBA30 支球队中，只有纽约尼克斯队和波士顿凯尔特人队是当年的始祖球队。

NBA 成立时拥有 17 支球队，分成 3 个赛区比赛。

职业篮球在初创阶段常常面临着生存问题。不断变换规程，常有球队解散，很少能坐满观众。在进退两难的情况下，BAA 总裁普多洛夫决定将明星球员乔治·迈肯挖过来，因为这位身高 2.09 米的巨人是当时篮球场上的"摇钱树"。争取迈肯的努力在实施过程中变成了一项更为庞大的扩军计划，结果在 1948～1949 赛季中，迈肯所在的湖人队击败了华盛顿国会队，夺得这一赛季 BAA 总冠军。同时 BAA 正式改名称为 National Basketball Association，就是 NBA。美国职业篮球开始了新的发展历程。

## NBA 吞并 ABA

1967 年 2 月 2 日，美国又一个职业篮球联盟——ABA（美国篮球协会 American Basketball Association）在纽约宣布成立。由此，这两大职业篮球组织开始了整整 9 年的竞争。由于 ABA 和 NBA 双方对篮球人才的争夺，使得球员的身价迅速提高。经过 9 年的对峙之后，双方都被抬起来的合同价格压得难以承受。到了 1975～1976 赛季结束后，ABA 和 NBA 的两位新总裁德布斯彻尔和奥布莱恩经过反复协商，认为只有联合起来才能渡过危机。NBA 在完成了与 ABA 的合并之后，大量好手包括大名鼎鼎的"J博士"朱利叶斯·欧文、"超级弹簧腿"戴维·汤普逊、"冷面杀手"乔治·格温和摩西·马龙等超级巨星纷纷转入，一时间 NBA 呈现出前所未有的繁荣景象，NBA 的球队增加到了 22 支，观众人数不断增加，电视转播场次也逐年增多。至此，NBA 终于完成了对美国职业篮球从人才、资金到市场的垄断。

### NBA 黄金岁月

1979～1980 赛季密歇根州立大学的控球后卫埃文·约翰逊和印第安纳州立大学的拉里·伯德加入 NBA。"魔术师"约翰逊和"大鸟"伯德两人以高超的个人技术改写了传统的位置定义。身高 2.06 米的约翰逊担任控球后卫一职，在场上指挥若定，又由于身材的优势，必要时他前锋、中锋照打不误。与约翰逊一般高的伯德，技艺全面，处理球胆大而心细，有着足以和"魔术师"媲美的传球技巧，尤其拿手的是关键时刻的 3 分球。"魔术师"约翰逊和"大鸟"拉里·伯德的加盟拉开了 20 世纪 80 年代 NBA 黄金岁月的序幕。

自从"魔术师"约翰逊和"大鸟"伯德踏入 NBA 后，NBA 的面貌即刻有了很大的改观，球赛质量与球员水平得到了进一步提高。20 世纪 80 年代后期，由"魔术师"领军的湖人队，仍能在西部联盟叱咤风云。此时，新生代的好手乔丹（服役公牛队）、奥拉朱旺（服役火箭队）、巴克利（服役太阳队）等在 NBA 又引发了新一轮的"风暴"，NBA 从此跨入了"公牛王朝"。

### 走向世界的 NBA

半个多世纪以来，NBA 从无到有，从小到大，由穷到富，可谓是财源滚滚，巨星满天。NBA 今日的辉煌跟 NBA 主席大卫·斯特恩的改革有着直接的关系。斯特恩深知，NBA 要想赚钱，没有球星是不行的。但光有球星，光有精彩的比赛，没有电视的转播，同样也不会有什么太大的发展。现代职业体育界中有一条金科玉律：对于赞助商有利的事情，对于联赛和运动员来说也同样有利。因此，斯特恩将电视和赞助商作为将 NBA 篮球推向世界市场的主要手段。

在斯特恩眼里，电视不仅是一种娱乐方式，还是一种媒介、传送方式，电视可以把广告送到任何有电视机的地方。1992 年组建的第一支"梦之队"，也是斯特恩将 NBA 篮球推向世界的重要战略计划之一。再加上和国际篮联联合举办的每两年一次的"麦当劳"国际篮球公开赛，NBA 从此迅速风靡全世界。巴塞罗那奥运会后的第二年，全世界有 97

个国家和地区的电视台，现场直播了公牛队的第三次夺冠。到 1996 年公牛队第四次夺冠时，世界上现场转播这一赛事的国家和地区已经超过了 160 个。与此同时，NBA 也由 1984 年时的 23 支球队变成了 30 支球队。现在 NBA 赛事已在 200 多个国家以 40 多种语言进行报道。

在 NBA 不断扩展和推向全球的过程中，斯特恩始终保持清醒的头脑。在做过实际考察和研究之后，他认为未来的 NBA 将是一个以北美洲为基地的职业篮球联盟，将大量吸收欧洲和世界其他地区优秀的篮球选手加盟。NBA 联赛也开始迈出了美国国界，在赛季开始

大卫·斯特恩（中间）和众星合影

前，派出队伍到世界各大洲进行各种比赛。

# NBA 大事纪

1896 年，美国第一个篮球组织全国篮球联盟（简称 NBL）成立。

1946 年 4 月 6 日，波士顿凯尔特人老板沃尔特·阿·布朗发起成立美国篮球协会（简称 BAA），BAA 成立时共 11 支球队。布朗首次提出了高薪制和合同制，高薪制是指职业篮球必须有雄厚的财政支援，这样才能使比赛保持在高水平上。合同制是指一名选手只能与一家俱乐部签订合同，并设立选手储备制，以防球员突然离队时受到损失。

1946 年 11 月 1 日，BAA 联盟第一场正式比赛拉开帷幕，纽约尼克斯 68∶66 险胜多伦多爱斯基摩人队。

1947 年，费城勇士队在 BAA 联盟中首位得分王乔·福尔克斯（场均 23.2 分）的率领下，以 4∶1 战胜芝加哥牡鹿队，成为 BAA 第一支总冠军。

1949 年，美国两大篮球组织 BAA 和 NBL 合并为全国篮球协会（简称 NBA）。当时 NBA 拥有 17 支球队，分成 3 个赛区比赛，明尼阿波利斯湖人队依靠身高 2.09 米的第一中锋乔治·迈肯获得 NBA 第一个赛季的总冠军。

1950 年 11 月 22 日，明尼阿波利斯湖人队 19∶18 险胜韦恩堡活塞队，创下了 NBA 单场最低比分。

1951 年 3 月 2 日，NBA 首届全明星赛在波士顿花园体育馆举办，最终比分为 111∶94，东部明星队获胜。

1952 年，NBA 联盟首设 MVP，韦恩堡活塞队唐·梅尼克成为第一位最有价值球员。

1954 年，NBA 开始实行 24 秒制。

1954 年，在战胜锡拉丘兹国民队后，湖人队成为第一支三连冠的球队。当时 NBA 只有 8 支球队，分别是：纽约尼

**NBA 全明星阵容**

克斯队、波士顿凯尔特人队、费城勇士队（金州勇士队前身）、韦恩堡活塞队（底特律活塞队前身）、明尼阿波利斯湖人队（洛杉矶湖人队前身）、罗彻斯特皇家队（萨克拉门托国王队前身）、锡拉丘兹国民队（费城 76 人队前身）、三城黑鹰（亚特兰大老鹰队前身）。

1961 年，芝加哥包装工队（华盛顿奇才队前身）加入 NBA。

1966 年，凯尔特人完成了绝无仅有的 8 连冠。

1966 年，芝加哥公牛队入 NBA，成为第 10 支球队。

1967 年，圣迭戈火箭队（休斯顿火箭队前身）和西雅图超音速队（俄克拉荷马城雷霆队前身）加入 NBA。

1968 年，密尔沃基雄鹿队和菲尼克斯太阳队加入 NBA。

1970 年，克里夫兰骑士队、波特兰开拓者队、布法罗勇敢者队（洛杉矶快船队前身）3 支新军加入 NBA，NBA 联盟正式分为东西两大赛区。

1973 年，美国哥伦比亚广播公司以 2700 万美元买下 NBA 比赛 3 年播映权，从而使 NBA 比赛首次走上电视，但由于当时还不具备实况转播的条件，只能播放录像。

1976 年，NBA 吞并 ABA，原 ABA 球队丹佛掘金队、印第安纳步行者队、纽约网队（新泽西篮网队前身）和圣安东尼奥马刺队并入 NBA，NBA 球队达到空前的 22 支，从此 NBA 形成对美国篮球业的垄断。

1979 年，NBA 先后推出 3 分远投、新秀选拔、薪金限额、球员转会等重大决策。

1980 年，达拉斯小牛队加入 NBA。

1988 年，夏洛特黄蜂队（新奥尔良黄蜂队前身）和迈阿密热火队加入 NBA。

1989 年，奥兰多魔术队和明尼苏达森林狼队加入 NBA。

1995 年，多伦多猛龙队和温哥华灰熊队（孟菲斯灰熊队前身）两支加拿大球队加入 NBA。

2004 年，夏洛特山猫队加入 NBA，NBA 联盟的球队达到 30 支，分为东西两大联盟，西部联盟又分为太平洋（萨克拉门托国王队、洛杉矶湖人队、菲尼克斯太阳队、金州勇士队、洛杉矶快船队）、西南（圣安东尼奥马刺队、休斯顿火箭队、达拉斯小牛队、孟菲斯灰熊队、新奥尔良黄蜂队）、西北（明尼苏达森林狼队、丹佛掘金队、犹他爵士队、波特兰开拓者队、俄克拉荷马城雷霆队）3 大赛区；东部联盟分为大西洋（纽约尼克斯队、新泽西网队、波士顿凯尔特人队、多伦多猛龙队、费城 76 人队）、东南（迈阿密热火队、奥兰多魔术队、华盛顿奇才队、亚特兰大老鹰队、夏洛特山猫队）、中部（底特律活塞队、印第安纳步行者队、克里夫兰骑士队、密尔沃基雄鹿队、芝加哥公牛队）3 大赛区。共 6 大赛区。

2006 年，美国国际集团、Google、甲骨文、雅虎、澳洲电信、流氓兔（网络）集团公司、英国壳牌石油、三皇王、飞利浦、祁龙泡、花旗银行等成为 NBA 一级赞助商。NBA 一跃成为当今世界最成功的联盟之一。

# NBA 与中国大事纪

1979 年 8 月，华盛顿奇才队在中国与中国国家队以及八一火箭队进行了两场表演赛。

1992 年 3 月 10 日，NBA 亚洲有限公司在香港成立，这是 NBA 首次在美国本土以外成立分公司。

1994 年 6 月 8 日，中国中央电视台第一次现场转播 NBA 总决赛。

2001 年 4 月 5 日，王治郅作为达拉斯小牛队的成员出战，成为首个正式出征 NBA 的中国球员。

2002 年，巴特尔与丹佛掘金队签约，成为第一位在 NBA 首发上场的中国球员。2002 年巴特尔加盟圣安东尼奥马刺队，并获得了 NBA 总冠军戒指。

2002 年 6 月 26 日，NBA 选秀大会，姚明在 17 名国际球员中脱颖而出高中状元，并成为 NBA 历史上第一名外籍状元。

2002 年 10 月 8 日，NBA 在北京成立办事处。

2003 年 2 月 11 日，姚明成为首位入选全明星首发阵容的亚洲球员。

2004 年 2 月 20 日，中国篮协聘请达拉斯小牛队助理教练戴尔·哈里斯为中国国家男篮主教练。

2004 年 10 月 14 日，NBA 季前赛首次来到中国，火箭队与国王队分别在上海和北京进行了一场比赛。

2006 年 3 月，空中网宣布获得 NBA 的 WAP 非独家授权。

**姚明与 NBA 同事合影**

2007 年 6 月 29 日，NBA 选秀大会，易建联第 6 顺位被密尔沃基雄鹿队选中，孙悦第 2 轮第 40 顺位被洛杉矶湖人队选中。

2009 年 6 月 15 日，洛杉矶湖人队历史上第 15 次获得总冠军，孙悦成为巴特尔之后第二位获得 NBA 总冠军戒指的中国球员。

# NBA 历届冠亚军

| 时间 | 冠军 | 比分 | 亚军 |
| --- | --- | --- | --- |
| 1947 | 勇士 | 4－1 | 雄鹿 |
| 1948 | 子弹 | 4－2 | 勇士 |
| 1949 | 湖人 | 4－2 | 国会 |
| 1950 | 湖人 | 4－2 | 民族 |
| 1951 | 罗切斯特 | 4－3 | 尼克斯 |
| 1952 | 湖人 | 4－3 | 尼克斯 |
| 1953 | 湖人 | 4－1 | 尼克斯 |
| 1954 | 湖人 | 4－3 | 民族 |
| 1955 | 民族 | 4－3 | 活塞 |
| 1956 | 勇士 | 4－1 | 活塞 |
| 1957 | 凯尔特人 | 4－3 | 老鹰 |
| 1958 | 老鹰 | 4－2 | 凯尔特人 |
| 1959 | 凯尔特人 | 4－0 | 湖人 |
| 1960 | 凯尔特人 | 4－3 | 老鹰 |
| 1961 | 凯尔特人 | 4－1 | 老鹰 |
| 1962 | 凯尔特 | 4－3 | 湖人 |
| 1963 | 凯尔特人 | 4－2 | 湖人 |
| 1964 | 凯尔特人 | 4－1 | 勇士 |
| 1965 | 凯尔特人 | 4－1 | 湖人 |
| 1966 | 凯尔特人 | 4－3 | 湖人 |

续表

| 时间 | 冠军 | 比分 | 亚军 |
|------|------|------|------|
| 1967 | 费城76人 | 4 - 2 | 勇士 |
| 1968 | 凯尔特人 | 4 - 2 | 湖人 |
| 1969 | 凯尔特人 | 4 - 3 | 湖人 |
| 1970 | 尼克斯 | 4 - 3 | 湖人 |
| 1971 | 雄鹿 | 4 - 0 | 子弹 |
| 1972 | 湖人 | 4 - 1 | 尼克斯 |
| 1973 | 尼克斯 | 4 - 1 | 湖人 |
| 1974 | 凯尔特人 | 4 - 3 | 雄鹿 |
| 1975 | 勇士 | 4 - 0 | 子弹 |
| 1976 | 凯尔特人 | 4 - 2 | 太阳 |
| 1977 | 开拓者 | 4 - 2 | 费城76人 |
| 1978 | 子弹 | 4 - 3 | 超音速 |
| 1979 | 超音速 | 4 - 1 | 子弹 |
| 1980 | 湖人 | 4 - 2 | 费城76人 |
| 1981 | 凯尔特人 | 4 - 2 | 火箭 |
| 1982 | 湖人 | 4 - 2 | 费城76人 |
| 1983 | 费城76人 | 4 - 0 | 湖人 |
| 1984 | 凯尔特人 | 4 - 3 | 湖人 |
| 1985 | 湖人 | 4 - 2 | 凯尔特人 |
| 1986 | 凯尔特人 | 4 - 2 | 火箭 |
| 1987 | 湖人 | 4 - 2 | 凯尔特人 |
| 1988 | 湖人 | 4 - 3 | 活塞 |
| 1989 | 活塞 | 4 - 0 | 湖人 |
| 1990 | 活塞 | 4 - 1 | 开拓者 |
| 1991 | 公牛 | 4 - 1 | 湖人 |
| 1992 | 公牛 | 4 - 2 | 开拓者 |
| 1993 | 公牛 | 4 - 2 | 太阳 |
| 1994 | 火箭 | 4 - 3 | 尼克斯 |

| 时间 | 冠军 | 比分 | 亚军 |
|------|------|------|------|
| 1995 | 火箭 | 4 - 0 | 魔术 |
| 1996 | 公牛 | 4 - 2 | 超音速 |
| 1997 | 公牛 | 4 - 2 | 爵士 |
| 1998 | 公牛 | 4 - 2 | 爵士 |
| 1999 | 马刺 | 4 - 1 | 尼克斯 |
| 2000 | 湖人 | 4 - 2 | 步行者 |
| 2001 | 湖人 | 4 - 1 | 费城 76 人 |
| 2002 | 湖人 | 4 - 0 | 篮网 |
| 2003 | 马刺 | 4 - 2 | 篮网 |
| 2004 | 活塞 | 4 - 1 | 湖人 |
| 2005 | 马刺 | 4 - 3 | 活塞 |
| 2006 | 热火 | 4 - 2 | 小牛 |
| 2007 | 马刺 | 4 - 0 | 骑士 |
| 2008 | 凯尔特人 | 4 - 2 | 湖人 |
| 2009 | 湖人 | 4 - 1 | 魔术 |
| 2010 | 湖人 | 4 - 3 | 凯尔特人 |
| 2011 | 小牛 | 4 - 2 | 热火 |
| 2012 | 热火 | 4 - 1 | 雷霆队 |

# NBA 历届全明星扣篮冠军

| 年份 | 冠军 | 所属球队 | 身高 |
|------|------|----------|------|
| 1984 | 拉里·兰斯 | 太阳 | 2.00 米 |
| 1985 | 多米尼克·威尔金斯 | 老鹰 | 2.03 米 |
| 1986 | 斯伯特·韦伯 | 老鹰 | 1.70 米 |

续表

| 年份 | 冠军 | 所属球队 | 身高 |
|------|------|----------|------|
| 1987 | 迈克尔·乔丹 | 公牛 | 1.98 米 |
| 1988 | 迈克尔·乔丹 | 公牛 | 1.98 米 |
| 1989 | 肯尼·沃克 | 尼克斯 | 2.03 米 |
| 1990 | 多米尼克·威尔金斯 | 老鹰 | 2.03 米 |
| 1991 | 迪·布朗 | 凯尔特人 | 1.86 米 |
| 1992 | 塞德里克·塞巴洛斯 | 太阳 | 2.01 米 |
| 1993 | 哈罗德·迈纳 | 热火 | 1.95 米 |
| 1994 | 艾赛亚·瑞德 | 森林狼 | 1.96 米 |
| 1995 | 哈罗德·迈纳 | 热火 | 1.96 米 |
| 1996 | 布伦特·巴里 | 快船 | 1.98 米 |
| 1997 | 科比·布莱恩特 | 湖人 | 1.98 米 |
| 1998 | 无赛事 | | |
| 1999 | 无赛事 | | |
| 2000 | 文斯·卡特 | 猛龙队 | 1.98 米 |
| 2001 | 戴斯蒙德·梅森 | 超音速队 | 1.98 米 |
| 2002 | 杰森·理查德森 | 勇士 | 1.98 米 |
| 2003 | 杰森·理查德森 | 勇士 | 1.98 米 |
| 2004 | 弗雷德·琼斯 | 勇士 | 1.88 米 |
| 2005 | 乔什·史密斯 | 老鹰 | 2.06 米 |
| 2006 | 内特·罗宾逊 | 尼克斯 | 1.75 米 |
| 2007 | 杰拉德·格林 | 凯尔特人 | 2.03 米 |
| 2008 | 德怀特·霍华德 | 魔术 | 2.11 米 |
| 2009 | 内特·罗宾逊 | 尼克斯 | 1.75 米 |
| 2010 | 内特·罗宾逊 | 尼克斯 | 1.75 米 |
| 2011 | 布雷克·格里芬 | 快船 | 2.06 米 |
| 2012 | 杰雷米·埃文 | 斯爵士 | 2.06 米 |
| 2013 | 泰伦斯·罗斯 | 猛龙 | 1.98 米 |

# 历届奥运会男篮冠亚季军

| 时间 | 冠军 | 亚军 | 季军 |
|------|------|------|------|
| 1936 年柏林奥运会 | 美国 | 加拿大 | 墨西哥 |
| 1948 年伦敦奥运会 | 美国 | 法国 | 巴西 |
| 1952 年赫尔辛基奥运会 | 美国 | 苏联 | 乌拉圭 |
| 1956 年墨尔本奥运会 | 美国 | 苏联 | 乌拉圭 |
| 1960 年罗马奥运会 | 美国 | 苏联 | 巴西 |
| 1964 年东京奥运会 | 美国 | 苏联 | 巴西 |
| 1968 年墨西哥城奥运会 | 美国 | 南斯拉夫 | 苏联 |
| 1972 年慕尼黑奥运会 | 苏联 | 美国 | 古巴 |
| 1976 年蒙特利尔奥运会 | 美国 | 南斯拉夫 | 苏联 |
| 1980 年莫斯科奥运会 | 南斯拉夫 | 意大利 | 苏联 |
| 1984 年洛杉矶奥运会 | 美国 | 西班牙 | 南斯拉夫 |
| 1988 年汉城奥运会 | 苏联 | 南斯拉夫 | 美国 |
| 1992 年巴塞罗那奥运会 | 美国 | 克罗地亚 | 立陶宛 |
| 1996 年亚特兰大奥运会 | 美国 | 南斯拉夫 | 立陶宛 |
| 2000 年悉尼奥运会 | 美国 | 法国 | 立陶宛 |
| 2004 年雅典奥运会 | 阿根廷 | 意大利 | 美国 |
| 2008 年北京奥运会 | 美国 | 西班牙 | 阿根廷 |
| 2012 年伦敦奥运会 | 美国 | 西班牙 | 俄罗斯 |

# 历届奥运会女篮冠亚季军

| 时间 | 冠军 | 亚军 | 季军 |
|---|---|---|---|
| 1976 年蒙特利尔奥运会 | 苏联 | 美国 | 保加利亚 |
| 1980 年莫斯科奥运会 | 苏联 | 保加利亚 | 南斯拉夫 |
| 1984 年洛杉矶奥运会 | 美国 | 韩国 | 中国 |
| 1988 年汉城奥运会 | 美国 | 南斯拉夫 | 苏联 |
| 1992 年巴塞罗那奥运会 | 独联体 | 中国 | 美国 |
| 1996 年亚特兰大奥运会 | 美国 | 巴西 | 澳大利亚 |
| 2000 年悉尼奥运会 | 美国 | 澳大利亚 | 巴西 |
| 2004 年雅典奥运会 | 美国 | 澳大利亚 | 俄罗斯 |
| 2008 年北京奥运会 | 美国 | 澳大利亚 | 俄罗斯 |
| 2012 年伦敦奥运会 | 美国 | 法国 | 澳大利亚 |

# 历届男篮锦标赛冠亚季军

| 时间 | 地点 | 冠军 | 亚军 | 季军 |
|---|---|---|---|---|
| 1950 | 阿根廷 | 阿根廷 | 美国 | 智利 |
| 1954 | 巴西 | 美国 | 巴西 | 菲律宾 |
| 1959 | 智利 | 巴西 | 美国 | 智利 |
| 1963 | 巴西 | 巴西 | 南斯拉夫 | 苏联 |
| 1967 | 乌拉圭 | 苏联 | 南斯拉夫 | 巴西 |
| 1970 | 南斯拉夫 | 南斯拉夫 | 巴西 | 苏联 |

| 时间 | 地点 | 冠军 | 亚军 | 季军 |
|------|------|------|------|------|
| 1974 | 波多黎各 | 苏联 | 南斯拉夫 | 美国 |
| 1978 | 菲律宾 | 南斯拉夫 | 苏联 | 巴西 |
| 1982 | 哥伦比亚 | 苏联 | 美国 | 南斯拉夫 |
| 1986 | 西班牙 | 美国 | 苏联 | 南斯拉夫 |
| 1990 | 阿根廷 | 南斯拉夫 | 苏联 | 美国 |
| 1994 | 加拿大 | 美国 | 俄罗斯 | 克罗地亚 |
| 1998 | 希腊 | 南斯拉夫 | 俄罗斯 | 美国 |
| 2002 | 美国 | 塞黑 | 阿根廷 | 德国 |
| 2006 | 日本 | 西班牙 | 希腊 | 美国 |
| 2010 | 土耳其 | 美国 | 土耳其 | 立陶宛 |

# 历届女篮锦标赛冠亚季军

| 时间 | 地点 | 冠军 | 亚军 | 季军 |
|------|------|------|------|------|
| 1953 | 智利 | 美国 | 智利 | 法国 |
| 1957 | 巴西 | 美国 | 苏联 | 捷克 |
| 1959 | 苏联 | 苏联 | 保加利亚 | 捷克 |
| 1964 | 秘鲁 | 苏联 | 捷克 | 保加利亚 |
| 1967 | 捷克 | 苏联 | 韩国 | 捷克 |
| 1971 | 巴西 | 苏联 | 捷克 | 巴西 |
| 1975 | 哥伦比亚 | 苏联 | 日本 | 捷克 |
| 1979 | 韩国 | 美国 | 韩国 | 加拿大 |
| 1983 | 巴西 | 苏联 | 美国 | 中国 |
| 1986 | 苏联 | 美国 | 苏联 | 加拿大 |

| 时间 | 地点 | 冠军 | 亚军 | 季军 |
|------|------|------|------|------|
| 1990 | 马来西亚 | 美国 | 南斯拉夫 | 古巴 |
| 1994 | 澳大利亚 | 巴西 | 中国 | 美国 |
| 1998 | 德国 | 美国 | 俄罗斯 | 澳大利亚 |
| 2002 | 中国 | 美国 | 俄罗斯 | 澳大利亚 |
| 2006 | 巴西 | 澳大利亚 | 俄罗斯 | 美国 |
| 2010 | 土耳其 | 美国 | 捷克 | 西班牙 |

# 历届亚洲男篮锦标赛冠亚季军

| 时间 | 举办地 | 冠军 | 亚军 | 季军 |
|------|--------|------|------|------|
| 1960 年 | 菲律宾马尼拉 | 菲律宾 | 中国台北 | 日本 |
| 1963 年 | 中国台北 | 菲律宾 | 中国台北 | 韩国 |
| 1965 年 | 马来西亚古隆坡 | 日本 | 菲律宾 | 韩国 |
| 1967 年 | 韩国汉城 | 菲律宾 | 韩国 | 日本 |
| 1969 年 | 泰国曼谷 | 韩国 | 日本 | 菲律宾 |
| 1971 年 | 日本东京 | 日本 | 菲律宾 | 韩国 |
| 1973 年 | 菲律宾马尼拉 | 菲律宾 | 韩国 | 中国台北 |
| 1975 年 | 泰国曼谷 | 中国 | 日本 | 韩国 |
| 1977 年 | 马来西亚吉隆坡 | 中国 | 韩国 | 日本 |
| 1979 年 | 日本名古屋 | 中国 | 日本 | 韩国 |
| 1981 年 | 印度卡拉奇 | 中国 | 韩国 | 日本 |
| 1983 年 | 中国香港 | 中国 | 日本 | 韩国 |
| 1986 年 | 马来西亚吉隆坡 | 菲律宾 | 韩国 | 中国 |
| 1987 年 | 泰国曼谷 | 中国 | 韩国 | 日本 |

续表

| 时间 | 举办地 | 冠军 | 亚军 | 季军 |
|------|--------|------|------|------|
| 1989 年 | 中国北京 | 中国 | 韩国 | 中国台北 |
| 1991 年 | 日本 | 中国 | 韩国 | 日本 |
| 1993 年 | 印度尼西亚 | 中国 | 朝鲜 | 韩国 |
| 1995 年 | 韩国汉城 | 中国 | 日本 | 韩国 |
| 1997 年 | 沙特阿拉伯 | 韩国 | 日本 | 中国 |
| 1999 年 | 日本福冈 | 中国 | 韩国 | 沙特阿拉伯 |
| 2001 年 | 中国上海 | 中国 | 黎巴嫩 | 韩国 |
| 2003 年 | 中国哈尔滨 | 中国 | 韩国 | 卡塔尔 |
| 2005 年 | 卡塔尔多哈 | 中国 | 黎巴嫩 | 卡塔尔 |
| 2007 年 | 日本德岛 | 伊朗 | 黎巴嫩 | 韩国 |
| 2009 年 | 中国天津 | 伊朗 | 中国 | 约旦 |
| 2011 年 | 中国武汉 | 中国 | 约旦 | 韩国 |

# 历届全运会男篮冠亚季军

| 时间 | 地点 | 冠军 | 亚军 | 季军 |
|------|------|------|------|------|
| 1959 年 | 北京 | 四川队 | 北京队 | 八一队 |
| 1965 年 | 北京 | 北京队 | 四川队 | 江苏队 |
| 1975 年 | 北京 | 八一队 | 北京队 | 辽宁队 |
| 1979 年 | 北京 | 八一队 | 湖北队 | 广东队 |
| 1983 年 | 上海 | 北京队 | 八一队 | 江苏队 |
| 1987 年 | 广州 | 八一队 | 辽宁队 | 吉林队 |
| 1993 年 | 北京 | 八一队 | 辽宁队 | 江苏队 |
| 1997 年 | 上海 | 八一队 | 辽宁队 | 广东队 |

| 时间 | 地点 | 冠军 | 亚军 | 季军 |
|---|---|---|---|---|
| 2001 年 | 广州 | 八一队 | 上海队 | 江苏队 |
| 2005 年 | 江苏 | 八一队 | 广东队 | 江苏队 |
| 2009 年 | 山东 | 广东队 | 山东队 | 八一队 |

# 历届 CBA 联赛冠亚军

| 赛季 | 冠军 | 亚军 |
|---|---|---|
| 1995—1996 | 八一队 | 广东队 |
| 1996—1997 | 八一队 | 辽宁队 |
| 1997—1998 | 八一队 | 辽宁队 |
| 1998—1999 | 八一队 | 辽宁队 |
| 1999—2000 | 八一队 | 上海队 |
| 2000—2001 | 八一队 | 上海队 |
| 2001—2002 | 上海队 | 八一队 |
| 2002—2003 | 八一队 | 广东队 |
| 2003—2004 | 广东队 | 八一队 |
| 2004—2005 | 广东队 | 江苏队 |
| 2005—2006 | 广东队 | 八一队 |
| 2006—2007 | 八一队 | 广东队 |
| 2007—2008 | 广东队 | 辽宁队 |
| 2008—2009 | 广东对 | 新疆队 |
| 2009—2010 | 广东队 | 新疆队 |
| 2010—2011 | 广东队 | 新疆队 |
| 2011—2012 | 北京队 | 广东队 |

# 中国篮坛之最

我国最早的篮球场是上海基督教青年会于 1908 年建立的。它是国内最早的室内球场，宽 30 英尺（1 英尺＝0.3048 米）、长 70 英尺，在当时开展活动、组织比赛和举办篮球训练班等方面，发挥了历史性的作用。

我国最早生产篮球的工厂是天津利生体育用品厂，该厂于 1919 年开始制造篮球。

我国第一位篮球留学生是董守义（1895～1978 年）。他是我国著名的体育活动家、教授、中国近代篮球运动的开拓者，河北省蠡县人，1923～1925 年赴美国斯普林菲尔德学院，攻读体育专业，并亲身向篮球运动发明人奈·史密斯博士学习篮球技术。新中国成立后，他当选为中国篮球协会主席，中华全国体育总会副主席，担任国家体育运动委员会运动技术委员会主任等职，为我国体育事业的发展作出了积极的贡献。

我国最早的一场女子篮球比赛：1916 年，上海爱国女校派篮球队赴扬州，在江苏省运动会上做表演，这是中国女子篮球在运动会上第一次与观众见面。同年，上海女青年会体育示范学校组队与上海适美中学队比赛，这是中国女子篮球最早的校际比赛。

我国最早在国际性比赛中荣获冠军，是 1921 年 5 月在上海举行的第 5 届远东运动会上，我国男篮先后以 30∶27、32∶28 力克菲律宾和日本队取得了比赛的桂冠。

我国最早的一本篮球专著是董守义 1930 年编写的《最新篮球术》，1947 年由上海商务印书馆出版。我国最早的篮球杂志是《篮球》，1981 年 7 月创刊于北京，由中国篮球协会主办，人民体育出版社出版。1985 年 7 月在长春创刊的《中国篮球报》成为我国最早的篮球专业报纸。

我国第一次参加奥运会篮球赛（男子），是 1936 年 8 月在德国柏林举行的第 11 届奥林匹克运动会，由于在小组预赛中负于日本队而未能出线。

我国最早获篮球国际裁判员称号的男裁判员是舒鸿先生（1894～1964 年）。他早年赴法国勤工俭学，后入美国斯普林菲尔德学院体育系学习。1963 年在德国柏林举行的第 11 届奥运会上，他参加了国际业余篮球裁判会，被批准为国际裁判，并担任了该届奥运会篮球决赛的裁判员，受到观众和大会的好评。

我国最早获国际篮球裁判员称号的女裁判员是陈美虹女士。她 1982 年经国际篮联考试合格，被批准为国际级篮球裁判员。

我国篮球身材最高的男运动员是穆铁柱，山东东明人，身高 2.28 米。身材最高的女运动员是陈月芳，宁夏人，身高 2.08 米。

我国第一个篮球俱乐部是广东东莞宏远篮球俱乐部，它于 1993 年 12 月 28 日由中国篮球协会正式批准成立的。1994 年 2 月 3 日哈尔滨华龙篮球俱乐部在北京也相继正式宣布成立。